Ernst Gelegs

Liebe Mama, ich lebe noch!

Die Briefe des Frontsoldaten
Leonhard Wohlschläger

BILDNACHWEIS
Alle Abbildungen © Archiv des Autors, außer
Seite 19: Bildarchiv der Österreichischen Nationalbibliothek
(140880B) und
Seite 220: Archiv des Verlags.

www.kremayr-scheriau.at

ISBN 978-3-218-01161-7
Copyright © 2019 by Verlag Kremayr & Scheriau GmbH & Co. KG,
Wien
Alle Rechte vorbehalten
Schutzumschlaggestaltung: Sophie Gudenus
Unter Verwendung von Dokumenten aus dem Archiv des Autors
Lektorat: Paul Maercker
Satz und typografische Gestaltung: Sophie Gudenus
Druck und Bindung: Christian Theiss GmbH, St. Stefan im Lavanttal

...° Kalte Stenze andrüd...
... bzg. Bósnac (kenne ...
...rddeutschen Korn, Schnap...
...tka. Null gerade
...er kostenlos! Kein
... trotsaufen. Aber
... ohne causa causa
... auch, haben vorgestern
...kommen, dürfte ganz
..., als Tabaksbeutel Frauen
... aus ein Gott, welche
...on erlebt wer was,
Volksbelustigung eine

Ernst Gelegs • Liebe Mama, ich lebe noch!

*Dieses Buch widme ich meiner Enkeltochter Penelope,
die im Juni 2018 in Frankreich geboren wurde, als
ich gerade die Geschichte Leonhards an der Westfront
geschrieben habe. Von ganzem Herzen wünsche ich ihr,
ihrer Generation und allen nachfolgenden Generationen,
dass sie niemals solch finstere Zeiten erleben müssen wie
Johanna und Leonhard Wohlschläger!*

Inhalt

Vorgeschichte

Meine Mutter hat geerbt. Ich gebe zu, dass diese Nachricht meine Familie und mich eine kurze Zeit lang in eine freudvolle Stimmung versetzt hat, obwohl sie eigentlich gemischte Gefühle hätte auslösen sollen, denn wenn jemand erbt, ist zuvor auch jemand verstorben. Aber statt Trauer hat doch eine Art Freude oder Vorfreude überwogen, die einem insgeheim ein wenig peinlich ist und die man daher in Gesellschaft anstandshalber zu verbergen versucht. Vielleicht hat unsere freudige Erwartung daher gerührt, dass noch nie eines meiner engeren Familienmitglieder eine Erbschaft gemacht hatte und vielleicht auch daher, dass völlig unklar war, was konkret meiner Mutter hinterlassen wurde. Denn die Verstorbene war keine Verwandte von uns. Sie war im Grunde genommen eine Fremde, die zwar jeder von uns kannte, aber über die niemand in der Familie so recht Bescheid wusste. Und daher war auch nicht ganz auszuschließen, dass sie eventuell sogar ein kleines Vermögen zu vererben hatte, denn so viel wussten wir: Sie stammte aus guter Familie und wohlhabendem Haus.

Genau genommen ist meine Mutter auch nicht die Alleinerbin gewesen, sondern erbte gemeinsam mit ihrem Ehemann Rudolf Hofbauer, den sie nach dem frühen Tod meines leiblichen Vaters, Ernst Gelegs sen. geheiratet hatte. Der zweite Mann meiner Mutter, Rudi – wie ihn die Familie nennt – hatte seit seiner Kindheit eine Wahltante, die „Tante Hansi" – und diese ist im 98. Lebensjahr von uns gegangen.

Eine Nachbarin, die regelmäßig nach der betagten Dame Nachschau hielt, hat sie am Morgen eines strahlenden Frühsommertages tot aufgefunden, auf dem Boden neben ihrem Bett in ihrer kleinen Mietwohnung eines Altbauhauses auf der Erdberger Lände im 3. Wiener Gemeindebezirk. In der Lade des Esstisches im Wohnzimmer lag ihr handschriftlich verfasstes Testament, in dem die gute Tante Hansi mit zittriger Schrift ihren gesamten Hausrat ihrem „lieben (Wahl-)Neffen Rudi und seiner reizenden Frau Helga" (meiner Frau Mama) vermachte.

Rudi und meine Mutter hatten sich in den letzten Jahren vor ihrem Tod ein wenig um sie gekümmert. Sie hatten Mitleid mit ihr. Alle ihre Verwandten und Freundinnen waren zum Teil schon viele Jahre vor Tante Hansi verstorben, leider auch ihre beste Freundin Olga Hofbauer, Rudis Mutter. Tante Hansi soll oft von den vielen Begräbnissen erzählt haben, auf die sie gehen musste. Wer fast 100 Jahre unverheiratet und kinderlos lebt, hat gegen Lebensende weder viele Verwandte, noch viele Freunde. Und so haben Rudi und meine Mutter die einsame, alte Dame fallweise zu Kaffee und Guglhupf eingeladen (der Eierlikör-Guglhupf meiner Mutter mit Schokoladestückchen ist wirklich ein Gedicht!) und belanglos über alte Zeiten geplaudert, wie es halt so üblich ist, wenn man alleinstehenden, gutbürgerlichen und hochbetagten Damen eine Freude zu machen glaubt.

Tante Hansi hieß eigentlich Johanna Wohlschläger. Sie wurde im Jahr 1907 geboren und war eine Tochter des damals prominenten Architekten und Wiener Gemeinderatsabgeordneten Jakob Wohlschläger. Vom Begräbnis ihres Vaters an einem nasskalten Novembertag des Jahres 1934 hat Tante Hansi oft und gerne erzählt. Zu ihrer Freude in ihrem Schmerz soll die halbe Stadt über die „schöne Leich" gesprochen haben. Es war ein Ehrenbegräbnis.

Johanna Wohlschläger (Tante Hansi), 2003.

Jakob Wohlschläger ist in einem Ehrengrab der Gemeinde Wien auf dem Zentralfriedhof bestattet, in Anerkennung und Würdigung seiner architektonischen Leistungen und seiner politischen Verdienste um die Stadt Wien. Jakob Wohlschläger genoss sogar die Ehren des Kaisers. Er wurde 1908 von Kaiser Franz Joseph I. zum „Kaiserlichen Rat" ernannt.

Als christlich-sozialer Politiker engagierte er sich an der Seite von Karl Lueger (1897-1910 Wiener Bürgermeister) für das Kleingewerbe der Stadt Wien, heute würde man sagen: für das wirtschaftliche Fortkommen der Klein- und Mittelbetriebe. Vermutlich war er, wie auch Lueger, ein bekennender Antisemit, aber darüber hat Tante Hansi nie gesprochen. Wenn sie über ihren Vater erzählte, hat sie immer die vielen Zinshäuser erwähnt, die Jakob Wohlschläger in Wien gebaut hatte und die heute noch stehen, wie etwa das Mietshaus im 6. Bezirk in der Otto-Bauer-Gasse 3 oder das im 4. Bezirk in der Schelleingasse 37, oder jenes im 1. Bezirk in der Wiesingerstraße 6, um nur einige wenige zu nennen.

An

Seine Wohlgeboren, den Herrn Architekten

  Jakob W o h l s c h l ä g e r

                    in   W i e n .

       Seine kaiserliche und königlich-Apostolische Ma-
jestät haben mit Allerhöchster Entschließung vom
30.November 1908 Euer Wohlgeboren den Titel eines kaiserlichen Rates taxfrei allergnädigst zu verleihen ge-
ruht.
       Es gereicht mir zum Vergnügen, Euer Wohlgeboren
von dieser Allerhöchsten Schlußfassung mit meinen besten Glückwünschen in Kenntnis zu setzen.
                    Der Leiter
des k.k. Ministeriums für öffentliche Arbeiten:

Urkunde der Verleihung des Titels „Kaiserlicher Rat" an J. Wohlschläger.

Das wohl bekannteste Bauwerk ihres Vaters Jakob Wohlschläger ist der „Mariahilfer Zentralpalast", vielen Wienern
noch als „Warenhaus Stafa" bekannt. Dieser markante Rundbau auf der Mariahilfer Straße 120 an der Ecke zur Kaiserstraße 2, in dem heute eine Heimtextil-Firma und eine Münchner
Hotelgruppe eingemietet sind, wurde am 18. August 1911 eröffnet, am 81. Geburtstag von Kaiser Franz Joseph. Und fast

genau ein Jahr später, irgendwann im Juli 1912 (genauer lässt sich das nicht mehr recherchieren), ist Leonhard zur Welt gekommen, Sohn von Jakob Wohlschläger und Bruder von Tante Hansi. Leonhard ist die Hauptperson dieses Buches.

Ich habe Tante Hansi nur flüchtig gekannt, aber ich erinnere mich noch gut an die deprimierenden Momente, als ich zwei Monate nach dem Ableben Johanna Wohlschlägers erstmals ihre Mietwohnung im 3. Bezirk betreten habe. Die knapp 80 Quadratmeter große Altbauwohnung an der Erdberger Lände roch ein wenig modrig, vermutlich war schon wochenlang nicht mehr gelüftet worden. Tote Fliegen lagen auf den Böden und Fensterbänken, auf dem kleinen Küchentisch und neben dem alten Gasherd. Der Anblick ihres Schlafzimmers war bedrückend und traurig. Ich fand Tante Hansis Bett vermutlich noch genau so vor, wie sie es in ihrer Sterbenacht „verlassen" hatte. Eine dicke, weiße Daunendecke hing halb zu Boden, ein zerknitterter Polster steckte zwischen Matratze und dem hölzernen Betthaupt, das Leintuch voller Falten. Und auf dem Nachtkästchen neben der kleinen Tischlampe aus Messing lagen Hornbrille und ein altes Buch – so, als hätte sie gerade eben das Licht abgedreht, um einzuschlafen. Tante Hansi ist einsam und allein gestorben – niemand, der ihre Hand gehalten, sie getröstet und begleitet hätte ...

Tante Hansis Wohnung war in einem erbärmlichen und bemitleidenswerten Zustand. Sie hatte schon länger nichts mehr investiert, oder genauer gesagt, investieren wollen. Sie hatte nichts mehr reparieren lassen und auch nichts mehr Neues gekauft – und so sah ihr Zuhause auch aus. Abgetretene Teppiche, wackelige, windschiefe und knarrende Kastentüren, Sprünge in der emaillierten Badewanne, in der

Wasch- und in der Klomuschel, da und dort ausgebrannte Glühbirnen in den Wandappliken und im Kristallluster, der irgendwie verloren von der Wohnzimmerdecke hing. Und natürlich tropfende Wasserhähne. Die immer so gepflegte, adrette und gutbürgerlich auftretende Tante Hansi aus wohlhabendem Haus war offensichtlich in den letzten Monaten ihres langen Lebens nicht mehr gewillt oder in der Lage gewesen, ihre Wohnung sauber zu halten und ihren Ansprüchen entsprechend zu leben. Eine Putzfrau oder Heimhilfe hat sich Tante Hansi Zeit ihres Lebens nicht gegönnt, sie war sehr sparsam.

Ich erinnere mich noch gut an meine „Goldgräberstimmung" beim zweiten Besuch in Tante Hansis Wohnung. Sie ist aufgekommen, als ich beim Räumen geholfen habe. Rudi und meine Mutter hatten die Pflicht, die Wohnung innerhalb einer zweiwöchigen Frist „besenrein" dem Hausherrn zu übergeben. Meine Frau, mein damals 18-jähriger Sohn Alexander und ich sind dabei zur Hand gegangen. Ich gebe zu, mein Hilfsangebot mehrmals an diesem Tag bereut zu haben, denn Tante Hansi hatte, offenbar aus Angst vor neuerlichen großen Krisen oder Kriegen, so ziemlich alles gehortet, was man in Zeiten materieller Knappheit eventuell brauchen könnte. Wir haben schuhschachtelweise Kerzen in allen Größen, Farben und Formen aus den Kästen geräumt, kiloweise Zündholzschachteln und papierverpackte Seifen gefunden, sowie jede Menge aufgerollter Schuhbänder in allen gängigen Farben. Wir sind auf zahlreiche Schachteln mit Glühbirnen und kartonverpackten Leuchtstoffröhren gestoßen und haben eine Schuhschachtel voller penibel geschlichteter Zuckersäckchen im Kasten entdeckt, die Tante Hansi über Jahrzehnte bei ihren regelmäßigen Kaffeehausbesuchen eingesteckt und in ihrer Wohnung gehortet hatte. Tante Hansi war wirklich sehr sparsam.

Die Schränke waren vollgestopft mit ihren Kleidern, Röcken und Blusen und auch mit den selbst genähten Kostümen ihrer längst verstorbenen Mutter Käthe, die um die Jahrhundertwende als Schneiderin tätig war. Sogar das Taufgewand ihres jüngeren Bruders Leonhard haben wir beim Räumen gefunden, außerdem zahlreiche seiner blau-weißen Baumwoll-Taschentücher mit den eingestickten Initialen.

Wir sind auf dutzende Bonbonniere-Schachteln gestoßen, in denen sie das bunte Stanniol- und Zellophanpapier der einzelnen Pralinen fein säuberlich glatt gestrichen und sorgsam aufbewahrt hatte. Wir haben Unmengen an Geschenkpapier entdeckt, in das offenbar ihre Weihnachts- oder Geburtstagsgeschenke verpackt waren. Das Papier war wie aufgebügelt nahezu faltenfrei. Wir sind auf Schachteln mit hunderten entwerteten Briefmarken aus der Kaiser- und den Kriegszeiten gestoßen sowie auf Kartons mit hunderten Post- und Ansichtskarten, die Tante Hansi in den letzten 80 Jahren von Freunden und Verwandten zugeschickt bekommen hatte. Und sie hat sogar dutzende Bezugsscheine für Lebensmittel aufbewahrt, die die Nazis während des 2. Weltkriegs ausgegeben hatten – nach dem Motto: man kann ja nie wissen, was noch (einmal) kommt ...

Doch eine der vielen alten Schuhschachteln hat unser ganz besonderes Interesse geweckt. Es war eine mit knapp 100 zum Teil schon sehr vergilbten Briefen und Postkarten, die fast alle von Tante Hansis Bruder Leonhard geschrieben worden waren. Es waren Briefe von Leonhard an seine liebe Mama und an seine Schwester Johanna (Tante Hansi), die er Schetty oder Jetty nannte. Die Briefe sind alle datiert.

Sie wurden in der Zeit zwischen 1933 und 1944 verfasst. Die meisten dieser Briefe muss Leonhard zum Teil im Bombenhagel an der West- und später an der Ostfront geschrieben haben und es ist erstaunlich, was der junge österreichische Wehrmachtssoldat Leonhard Wohlschläger an der Zensur der Nazis und am Zoll Hitlerdeutschlands vorbeischmuggeln konnte. Den Briefen ist unter anderem zu entnehmen, dass Leonhard in den ersten Kriegsjahren vor allem Stoffe und Schuhe zu seiner Mutter nach Wien geschickt hat und später, als die Versorgungslage in Wien immer schlechter wurde, verschiedene Grundnahrungsmittel und Medikamente. Seine oft berührenden Zeilen geben Einblick in die Gräuel des Alltags eines 27-jährigen Soldaten im 2. Weltkrieg, der sich mit großem Ehrgeiz vom einfachen Rekruten zum Obergefreiten der Deutschen Wehrmacht emporgearbeitet hat. Leonhard hat sich während des Krieges ständig um irgendwelche militärischen Fortbildungskurse bemüht, in der Hoffnung, Unteroffizier zu werden, nicht, weil er ein begeisterter Nationalsozialist und überzeugt von Hitlers Angriffskriegen gewesen wäre, sondern, weil er die Erfahrung gemacht hatte, dass man sich's als Ranghoher leichter richten kann. Für ihn galt die Devise: je höher der Dienstgrad, desto leichter der Alltag als Soldat und desto wahrscheinlicher ein Überleben im Krieg. Leonhard war schlau wie ein Fuchs und ein Meister im „Sich-Durchschwindeln". Er verhielt sich oft ganz ähnlich wie der „brave Soldat Schwejk".

16

Leonhard und seine Familie

Leonhard Wohlschläger ist so etwas wie ein Glückskind. Er ist irgendwann im Juli 1912 in Wien geboren, wohlbehütet aufgewachsen, liebevoll umsorgt und wohlerzogen von seiner lieben Mama, einer gelernten Schneiderin und seinem prominenten Vater Jakob Wohlschläger, der als Architekt und Stadtpolitiker schon im Wien der Jahrhundertwende einen großen Namen hatte. Stets verwöhnt wird der kleine Leonhard auch von seiner um fünf Jahre älteren Schwester. Während Leonhard ziemlich sorgenfrei im 3. Bezirk in Wien aufwächst, kämpft sein einst reicher und angesehener Vater Jakob Wohlschläger gegen den finanziellen Ruin und den damit verbundenen sozialen Abstieg. Leonhard bekommt von den Geldsorgen seiner Eltern nichts mit, Johanna schon, weil sie älter und sensibler ist als ihr kleiner Bruder. Möglicherweise hat ihre extreme Sparsamkeit in dieser für ihre Eltern sehr schweren Zeit ihren Ursprung.

Die Pleite des Stararchitekten Jakob Wohlschläger hat ausgerechnet mit seinem größten und bis heute bedeutendsten Bauwerk begonnen, mit dem „Ersten Wiener Warenmuster und Kollektiv-Kaufhaus Mariahilfer Zentralpalast", wie der runde Prunkbau im 7. Wiener Bezirk damals offiziell hieß – oder, wie schon gesagt, „Warenhaus Stafa". Wohlschläger ist nicht nur der Architekt des Bauwerks, sondern auch dessen Bauherr – und das dürfte er schon während der Bauarbeiten bitter bereut haben. Ständig gibt es bautechnische Zwischenfälle und unvorhergesehene Schwierigkeiten, die ihm zusätzliche Kosten verursachen. Kosten, die er alle aus eigenen Mitteln zu begleichen hat. So ist etwa der Bautrupp bei den Erdarbeiten für das Fundament auf unterirdische Quellen gestoßen, die wiederum den Bau von zwei Schachtbrunnen notwendig machten. Bis heute müssen fast 1000 Liter Wasser pro Minute abgepumpt werden, damit das Gebäude nicht unterspült wird und trocken bleibt.

Auch der Start des Kaufhauses Mitte August 1911 verläuft ziemlich holprig. Gleich nach der Eröffnung haben zwar rund 100 Geschäftsleute gegen eine zehnprozentige Umsatzmiete Verkaufsräume erworben, aber die Umsätze bleiben weit hinter den Erwartungen, sodass die Mieter sehr schnell wieder weg sind. Für den Planer, Erbauer und Hausherrn Jakob Wohlschläger eine glatte Katastrophe. Schon bald wird dem damals 42-jährigen, christlichsozialen Stadtpolitiker und erfolgsverwöhnten Stararchitekten klar, dass er sich mit dem Bau finanziell übernommen hat. Nicht einmal zwei Jahre nach der Eröffnung, am 6. April 1913, muss Jakob Wohlschläger mit seinem „Mariahilfer Zentralpalast" Konkurs anmelden. Die Schulden sind ihm über den Kopf gewachsen. Um sie zu tilgen, muss er nicht nur sein gesamtes Barvermögen opfern, sondern auch seine prachtvolle Herrschaftsvilla in Baden bei Wien, auf die er so stolz ist. Er hat sie samt einem Grund-

Rundbau des „Mariahilfer Zentralpalastes" um 1935.

stück von rund 15.000 Quadratmetern knapp vor der Jahrhundertwende von den Erben des Freiherrn Wilhelm von
Engerth erworben, einem damals prominenten Ingenieur.
Heute erinnert die Engerthstraße in Wien an den großen österreichischen Techniker.

Überliefert ist, dass Jakob Wohlschläger den Engerth-Er-
ben nur rund 140.000 Kronen (heute etwa 700.000 Euro) für
das Anwesen bezahlt hat – ein Schnäppchenpreis.

Zu Beginn des Ersten Weltkriegs ist Johanna sieben Jahre,
Leonhard zwei Jahre alt und der 45-jährige Jakob Wohlschläger finanziell so gut wie am Ende. Die Villa in Baden dürfte zu
diesem Zeitpunkt schon in der Konkursmasse gewesen sein.

Neben den finanziellen Sorgen plagen Jakob Wohlschläger auch peinliche familiäre Probleme, die er in der feinen,
bürgerlichen Gesellschaft Wiens stets zu vertuschen versucht. Ein Vater, der eine fünfköpfige Familie verlässt, passt

19

nicht zur christlichsozialen Wiener Elite mit ihren gerne nach außen kommunizierten hohen moralischen Wertvorstellungen.

In den renommierten Kaffeehäusern Wiens, in denen Jakob Wohlschläger oft und gerne verkehrt, tuschelt die feine Gesellschaft schon länger über die Affäre des Herrn Architekten und Wiener Gemeinderatsabgeordneten, über eine Liebelei mit einer einfachen Schneiderin.

Man schreibt das Jahr 1904, als Jakob Wohlschläger die außereheliche Beziehung mit Käthe Mahr beginnt. Er ist damals Familienvater von vier Kindern. 1894 hatte er die damals 20-jährige Anna Wiedl geheiratet. Mit ihr hat er eine Tochter und drei Söhne, die zu Beginn seines Konkursverfahrens im Jahr 1913 bereits Teenager sind und in Ausbildung stehen. Der jüngste ist dreizehn Jahre alt und besucht das renommierte, aber nicht ganz billige Schulinternat in Strebersdorf. Das älteste Kind, die Tochter, ist 18 und fordert ihre Mitgift, weil sie mit dem Gedanken spielt, bald zu heiraten, und zwar den Neffen des damals ebenfalls stadtbekannten Architekten Alexander Wielemans-Monteforte.

Für Anna Wohlschläger und ihre vier Kinder muss es damals schwer verkraftbar und unendlich peinlich gewesen sein, dass sie der allseits angesehene Jakob Wohlschläger wegen einer anderen Frau verließ. Doch er hatte sich verliebt, in Käthe Mahr, nach nur zehn Jahren Ehe mit Anna. Wo und unter welchen Umständen Jakob Wohlschläger Käthe kennengelernt hatte, ist heute nicht mehr herauszufinden. Fest steht nur, dass Jakob aus sehr einfachen Verhältnissen stammte. Er ist am 23. Juli 1869 in Stockerau als unehelicher Sohn einer Tagelöhnerin geboren. Sein leiblicher Vater dürfte aber ein wohlhabender und vermutlich auch einflussreicher Mann

gewesen sein, der zwar ein Techtelmechtel mit der Stocke-
rauer Tagelöhnerin hatte, aber doch seiner Verantwortung
als Vater nachgekommen sein muss. Denn immerhin konnte
Jakob Wohlschläger studieren. Eine Tagelöhnerin hätte damals ein Studium nicht finanzieren können. Spekuliert wird,
ob nicht vielleicht Karl Lueger selbst der leibliche Vater von
Jakob Wohlschläger war. Lueger ist um 25 Jahre älter als
Wohlschläger und soll den jungen Architekten aus Stockerau
außergewöhnlich stark beruflich gefördert und politisch pro-
tegiert haben ...

Die einfachen Verhältnisse der Arbeiterklasse sind dem
Stararchitekten Jakob Wohlschläger nicht fremd, Standes-
dünkel kennt er keine. Und so ist er 1904 auch Hals über
Kopf mit der jungen, hübschen Käthe Mahr durchgebrannt,
hat Haus und Hof zurückgelassen – der Liebe wegen!

Eine Scheidung von Anna Wohlschläger (geborene Wiedl)
ist in der feinen, konservativen Wiener Gesellschaft zwar nicht
schicklich, aber finanziell kann sich der damals noch wohlha-
bende Architekt das locker leisten. Jakob Wohlschläger zahlt
Anna ihre monatlichen Apanagen, die Alimente für die vier
Kinder, begleicht die Rechnungen ihrer Schulausbildung und
die Betriebskosten der Villa in Baden samt Personal. Wer hat,
der hat – und Jakob Wohlschläger hatte. Doch 1912, nur ein
Jahr nach der Eröffnung seines pompösen „Mariahilfer Zentralpalastes" hat er nicht mehr – und zahlt auch nicht mehr.

Jakob Wohlschläger muss zu Beginn des Ersten Weltkrieges im Jahr 1914 sehr verzweifelt gewesen sein. Mit Käthe
Mahr hat er zwei außereheliche kleine Kinder. Und selbst
steht er da ohne Arbeit und ohne Geld. In seiner Verzweiflung
lässt sich Jakob Wohlschläger 1915 sogar für den Kriegseinsatz mustern und fleht gleichzeitig um einen hohen Dienst-

Kameraden von Jakob Wohlschläger im Ersten Weltkrieg.

grad, damit möglichst ausgeschlossen ist, dass plötzlich einer seiner ehemaligen Lehrlinge ihm vorgesetzt ist und über ihn Befehlsgewalt hat.

Die ersten Jahre des Ersten Weltkriegs absolviert Jakob Wohlschläger als Offizier in einer Schreibstube der kaiserlich-königlichen Landwehr. Sein Sold reicht gerade aus, seine Lebensgefährtin Käthe mit den zwei Kindern und sich selbst so recht und schlecht über die Runden zu bringen. Seinen gesetzlichen Verpflichtungen gegenüber seiner ersten Frau Anna Wohlschläger und den gemeinsamen vier Kindern kommt er allerdings nicht mehr nach. Schließlich ist er seit 1912 pleite.

Im März 1917, etwas mehr als eineinhalb Jahre vor Kriegsende, wird Jakob Wohlschläger ein Brief zugestellt, der ihm sehr nahe gegangen sein muss. Sein ältester Sohn Otto hat ihm geschrieben. Seine Ex-Frau Anna und seine vier Kinder haben vermutlich Dank eines Gönners und Freundes (vielleicht auch Liebhabers) von Anna, eines gewissen Max Hellmann, ein standesgemäßes Leben führen können. Doch Max Hellmann, wahrscheinlich ein reicher Geschäftsmann und sehr viel älter als Anna, stirbt im Jahr 1917. Nach dem Tod von Hellmann wissen Anna und die vier ersten Wohlschläger-Kinder nicht mehr, wie es finanziell weitergehen soll. Die Villa in Baden haben sie längst verlassen, sie ist im Zuge des Konkurses von Jakob Wohlschläger zwangsversteigert worden. Otto, der älteste Sohn von Jakob Wohlschläger, fasst sich am 23. März 1917 ein Herz und schreibt während eines Einsatzes als Soldat der k.u.k.-Armee seinem Vater einen Brief:

Im Felde, den 23. März 1917

P a p a !

Bis vor kurzem war es möglich, wenn auch in letzter Zeit unter den schwersten Bedingungen, dass wir trotz deiner Nichthilfe, seit 1912, unser Fortkommen selbst schaffen konnten.

Wie dir aber selbst gewiss bekannt sein dürfte, ist uns die letzte, größte Stütze durch jähen Tod entrissen worden.

Max Hellmann ist nicht mehr.

Seine edle, einzig dastehende Selbstlosigkeit, ließ dich bestimmen, deiner menschlichen und gesetzlichen Pflicht keine Genüge zu leisten. Er ward es, der jene schwere Pflicht, die nicht jeder erfüllen kann, uneigennützig auf seine Schulter nahm, die du vor Gott und den Menschen zu leisten verpflichtet warst und bist.

In Anbetracht unserer jetzigen traurigen Lage, fühle ich mich verpflichtet, an dich mit unseren gerechten Forderungen heranzutreten.

Ausdrücklich betone ich, dass mich nicht der geringste Hass gegen dich leitet. Nur im Namen Mamas und der Geschwister, trete ich an dich als Ältester heran und fordere bittend die Erfüllung Deiner Vaterpflichten.

Bevor ich jedoch auf das Meritorische meines Schreibens eingehe, will ich mich über das Recht, das ich nun spreche, durch Nachstehendes rechtfertigen.

Als Ältester stehe ich nun bald 3 Jahre im militärischen Dienst, habe ich meinen Mann und meine Kraft dem Vaterland gestellt.

Unvergesslich wird mir die Zeit des Karpathenfeldzuges bleiben, durch den ich meine Gesundheit einbüßte, das erste Mal an Typhus, das zweite Mal an Rippenfellentzündung und Bronchitis schwer erkrankte.

Über ein volles Jahr musste ich im Spital zubringen.

Zwei Mal musste ich, infolge vollständiger Erschöpfung meiner Kräfte, gehen lernen.

Und trotz all dem bin ich heute seit Jänner d.J. wieder im Felde.

Dass ich mich, zufolge meiner Vaterlandspflichtleistung berechtigt fühle, an Dich mit meiner Forderung bittend heranzutreten, wirst Du mir nicht absprechen können und wollen.

Ich hoffe!

Nicht mein Ich verlangt, sondern die Not Mamas und Geschwister.

Vor allem involviert meine bittend gestellten Forderungen analog deiner gesetzlichen Vaterpflichten:

24

Zahlung aller seit 1. Mai 1912 rückständigen Alimentationen (inbegriffen Dienstbotenlöhnung und Zinskostenbeitrag)

Die laut Ausgleichsvertrag gerichtlich fixierte Beistellung von Kleidern, Schuhen etc. in Natura oder Barem rückständig seit 1905.

Die seit 1. Mai 1915 rückständigen monatlichen Unterstützungen für Vally [Anm.: Valerie, Jakob Wohlschlägers erstgeborene Tochter]

Ferner obliegt Dir auch die Begleichung von K 2.800.--, das Pensionatsgeld für Adolfs und Eduards einjährigen Aufenthalt im Pensionat St. Joseph, zu Strebersdorf.

Da ich mir aber gewiss bin, dass Deine Vertreter Dich solange bereden werden, bis Du einwilligst, neuerlich mit allen Mitteln einen neuen Indult in Konsortium zu konstruieren, so stelle ich an Dich das bestimmte Ersuchen, nicht länger zu zögern, denn das graue, öde Leben schreitet vorwärts.

Auch für den Fall, dass Du nicht antworten solltest, muss ich einen Ausweg betreten. Wenn binnen 14 Tagen keine für uns günstige Antwort, inngerechnet der Tat, einläuft, so bin ich bemüßigt, da die Not keinen Aufschub erleidet, im dienstlichen Weg ein „Majestätsgesuch" einzubringen.

Doch ich hoffe, dass du es nicht so weit kommen lässt und im Interesse eines ruhigen Ausgleichs, Dich zu dem, Dir von Gesetzwegen auferlegten Muss, bereitfindest und uns Deine Hilfe angedeihen lässt; ein wenig Friede wäre auch für uns von Nutzen.

Dein Sohn Otto

Otto Wohlschläger, der erstgeborene Sohn von Jakob Wohlschläger, reicht kein Majestätsgesuch ein, obwohl sein Vater nicht auf sein flehentliches Schreiben reagiert, denn Otto fällt wenige Tage nach dem Schreiben dieses Briefes – er ist eines der rund 17 Millionen Opfer des Ersten Weltkrieges.

In den 20er Jahren heiratet Jakob Wohlschläger seine Käthe. Doch das Glück ist ihm weiterhin nicht hold, er muss weitere wirtschaftliche Rückschläge und familiäre Demütigungen hinnehmen. Sein Architekturbüro sperrt endgültig zu, weil er keine Aufträge erhält. Sein Förderer und Mentor Karl Lueger ist gestorben und immer mehr seiner einstigen Geschäftspartner und Freunde wenden sich ab. In dieser tristen wirtschaftlichen Phase erhält Jakob Wohlschläger die schockierende Nachricht, dass seine zweite Ehe von Amts wegen annulliert wird.

Jakob Wohlschlägers erste Ehefrau, Anna hat die Scheidung immer noch nicht verkraftet. Die liegt zwar schon Jahre zurück, aber sie fühlt sich nach wie vor gedemütigt. Besonders schmerzvoll sind für sie die bitteren Konsequenzen der Scheidung. Weil Jakob Wohlschläger seit 1912 keine Apanagen mehr zahlt, schlittert Anna in die Armut und verliert damit die Anerkennung der Wiener Gesellschaft, von der sie einst hofiert worden ist. Mag sein, dass Anna von den Geldnöten ihres Ex-Mannes gehört hat. Dass er aber pleite ist, will und kann sie offenbar nicht glauben. Ihr Hass auf Jakob und seine zweite Ehefrau steigert sich mit ihrer zunehmenden Armut. Je weniger Geld sie zur Verfügung hat, desto mehr hasst sie ihn und verflucht sein Liebesglück mit der jungen Käthe.

Vermutlich hat ein mit Anna befreundeter Rechtsanwalt die Idee gehabt, die zweite Ehe von Jakob Wohlschläger ge-

richtlich annullieren zu lassen. Jakob hat mit Käthe eine soge-
nannte Dispens-Ehe geschlossen. Bis 1938 war in Österreich
eine Wiederheirat von geschiedenen Katholiken rechtlich
verboten, eine Regelung, die von der katholischen Kirche
und paradoxerweise von Jakob Wohlschlägers Parteifreunden
in der christlichsozialen Partei durchgesetzt wurde. Doch
der sozialistische Kurzzeit-Landeshauptmann von Niederös-
terreich, Albert Sever (Mai 1919 bis November 1920), hatte
dagegen angekämpft und der Kirche sowie den Christlichsozialen eins ausgewischt: Er erließ eine Verordnung, wonach
Geschiedene direkt beim Landeshauptmann um Dispens
(Befreiung) vom Eheverbot ansuchen konnten. Selbstredend,
dass jedem Ansuchen um Dispens auch stattgegeben wurde.
Rund 15.000 Paare, darunter auch Jakob Wohlschläger und
Käthe Mahr, machten in den 20er Jahren davon Gebrauch
und gingen so eine „Dispens-Ehe", volkstümlich „Sever-
Ehe" ein, womit sie ihre wilden Ehen zu staatlich anerkann-
ten machten.

Diese Dispens-Ehe-Verordnung ist ein Beispiel der po-
litischen Wirren und gewaltsamen Konflikte im Österreich
der Zwischenkriegszeit zwischen der „linken" und „rechten"
Reichshälfte, also im Wesentlichen zwischen Sozialisten und
Christlichsozialen. Der Oberste Gerichtshof, dominiert von
den Christlichsozialen, erklärte die Verordnung für ungültig.
Der Verfassungsgerichtshof, mit seinen eher linksliberalen
Richtern, erklärte die Sever-Verordnung wiederum für gültig.
Erst mit der Reform im Jahr 1929 wurde der Verfassungsgerichtshof schließlich personell verändert, „entpolitisiert",
wie es aus Kreisen der damaligen national-konservativ-kle-
rikalen Regierung hieß. Die linksliberale Opposition sprach
von „Umfärbung". Von welcher politischen Seite man diese

Reform auch betrachten möge, die Dispens-Ehe oder Sever-Ehe ist 1929 endgültig verboten worden. Und diese Reform der österreichischen Bundesverfassung im Jahr 1929 macht sich die hasserfüllte Anna Wohlschläger zu Nutze. Sie beantragt die gerichtliche Annullierung der Ehe zwischen Jakob Wohlschläger und Käthe Mahr und gewinnt. Die Ehe wird von Amts wegen für null und nichtig erklärt – Jakob Wohlschläger ist somit zum zweiten Mal „geschieden". Anna hat daraus kein Kapital schlagen können, lediglich Genugtuung. Käthe Wohlschläger muss wieder ihren Mädchennamen Mahr annehmen und beginnt, Anna abgrundtief zu hassen. Die gemeinsamen Kinder Johanna und Leonhard können ihren Familiennamen Wohlschläger behalten, entwickeln aber ebenfalls eine tiefe Abneigung gegen die Ex-Frau ihres Vaters, die noch Jahrzehnte nach dem Zweiten Weltkrieg in so mancher Erzählung von Tante Hansi zum Ausdruck kommt.

Leonhard Wohlschläger ist ein Hallodri. Er lebt gerne in den Tag hinein, tut, was ihm Spaß macht und redet viel, wenn der Tag lang ist. Er ist gesellig, witzig, frönt ausgedehnten Kaffeehausbesuchen, hat viele Freunde, oder besser gesagt: viele gute Bekannte und liebt „leichte Mädchen". Er ist sportlich und interessiert sich sehr für Motoren und Autos. Die einzige Prüfung, die Leonhard problemlos besteht, ist die Führerscheinprüfung. Verlässlichkeit und Verantwortung sind seine Stärken nicht. Auch seine Schulausbildung in diversen Gymnasien Wiens nimmt er nicht sonderlich ernst. Er ist zwar hochintelligent, aber stinkfaul und so fliegt er aus sämtlichen Schulen und steht im Alter von 18 Jahren ohne vernünftige Ausbildung da. Ein Handwerk will Leonhard nicht lernen, lieber schachert er mit Altwaren, die er auf dem Dachboden des Mietshauses im 3. Bezirk aufstöbert, wo er

Leonhard Wohlschläger in den 1930er Jahren.

mit seinen (mittlerweile geschiedenen) Eltern und seiner Schwester Johanna wohnt.

Johanna ist das personifizierte Gegenteil ihres Bruders. Sie ist sehr zurückhaltend, fast ein wenig schüchtern, aber sehr ehrgeizig, fleißig und pflichtbewusst. In der Schule ist sie stets Klassenbeste und der Liebling aller Lehrer. Johanna schafft es sogar, ein Stipendium für einen dreijährigen Aufenthalt in England zu bekommen. Bei einer kinderreichen Gastfamilie in Reading im Westen von London lernt sie in kürzester Zeit Englisch und entdeckt bald darauf ihre Leidenschaft zur englischen Literatur, die sie bis zu ihrem Tod pflegt. Einer ihrer Lieblingsromane ist „Wuthering Heights" von Emily Brontë. Vielleicht deshalb, weil sie die unerfüllte Liebe der beiden Romanfiguren Heathcliff und Cathy, die Intrigen und Rache der handelnden Personen an ihr eigenes Leben und das ihrer Familie erinnern.

Leonhard, der außer „yes", „no" und „thank you" kein Wort Englisch spricht, ruft (wie erwähnt) seine Schwester gerne Schetty oder Jetty. Möglicherweise sind diese Kosenamen auf ihre Liebe zu England zurückzuführen oder während ihres England-Aufenthalts entstanden.

Während Johanna die Handelsschule mit Auszeichnung absolviert und bald danach erfolgreich als Buchhalterin tätig ist, lebt Leonhard von der Hand in den Mund. An ernsthafte Arbeit denkt er nicht. Gelegenheitsjobs reichen ihm für sein Bier, seine Zigaretten und die leichten Wiener Vorstadtmädchen, die ohnehin bei billigem Süßwein „schwach" werden. Er jobbt als Billeteur in diversen Wiener Kinos und verdient ein paar Schilling als Eilbote auf dem Fahrrad. Überhaupt ist Radfahren in den 30er Jahren Leonhards große Leidenschaft.

Er ist Mitglied in einem Wiener Radfahrer-Klub und liebt
es, ausgedehnte Rundfahrten zu unternehmen, weil er sich
auf dem Rad frei wie ein Vogel fühlt, wie er seiner Schwester „Schetty" sagt. Im Herbst 1932 radelt er mit Freunden
nach Deutschland und wundert sich über die politischen Vor-
gänge, die er dort beobachtet. In einem Brief an seine Eltern
schreibt Leonhard:

Frankfurt, 14.1o.1932

Liebe Eltern!
Habe euren letzten Brief vom 13.1o. dankend erhalten
und werde euch den Tag meiner Ankunft in Wien noch
ganz genau berichten.
Wir haben auch an den Obmann vom Radfahrverein geschrieben, worin wir unsere Ankunft für den 6.11.
angeben und er wahrscheinlich wieder einen Empfang
vorbereiten wird - kann aber sein, dass wir schon
einige Tage früher ankommen - und dann eben Finte
machen und am 6.11. noch wo ausfahren und so tun,
als kämen wir erst!
Das wird uns alles noch der Obmann nach Linz berichten, wo er uns empfangen wird - natürlich muss
er auch an die Finte glauben! Vielleicht schaut da
auch was raus.
Wenn mir der Herr Schuh vom Stadion Kino etwas mehr
bezahlt - jetzt geht ja wieder die Saison an -,
dann will ich gerne wieder Billeteur werden. Auch
Dr. Grabscheidt hat wieder ein Kino, aber in Sim-
mering, vielleicht arbeite ich dort - und eventuell
tagsüber wieder als „Eilbote", wenn sich wirklich
nichts anderes schicken sollte!

Hier in Deutschland ist gar nichts los, außer politisch! - Da kann man allerhand sehen: Hakenkreuzler mit Stahlhelmen, Gummiknüppeln und Pistolen oder Stahlruten öffentlich, z.B. im Dorf Nagold bei Bruchsal, Pforzheim.
Die Sozialdemokraten haben hier nicht mehr viel Stimmen, jedes Dorf ist im Zeichen des Hakenkreuzes und trotzdem spricht man hier, dass Hitler bei den Neuwahlen am 6.11. ca. 5o Mandate verlieren soll und die meisten zum Kommunismus übergehen!
Was das Übernachten anbelangt, so gibt's hier überall billige Wirtschaften, wo man schon um o,5o - 1 Mark in Betten übernachten kann! So wäre es im Zelt unmöglich, da es schon sehr kühl ist und täglich Regen.
Unsere Strecke geht jetzt über Würzburg, Regensburg, Passau, Linz, St. Pölten nach Wien, das sind ca. noch 1ooo km, die wir in der vorher angegebenen Zeit, selbst bei schlechtem Wetter fahren können!
Bis dahin recht viele Grüße und Bussi von eurem dankbaren Sohne
Leo
P.S.: Auf den Schmalztopf und auf die Mehlspeise freue ich mich schon!

Leonhard ist ein unpolitischer Mensch. Sein Vater Jakob Wohlschläger hat bei ihm zwar auf eine christlichsoziale Erziehung geachtet, für Politik – so wie das sein Vater getan hat – interessiert sich Leonhard aber nicht. Er hat keinerlei politische Ambitionen. Sein Weltbild dürfte zwar – ähnlich wie das seines Vaters – einem nationalkonservativen entsprochen haben, ein bekennender Antisemit ist der junge Leonhard aber nicht, höchstens vielleicht latent antisemitisch, so wie es damals in Wien bei vielen Bürgerlichen nicht unüblich war. Zumindest weist in den vielen Briefen, die er geschrieben hat, nichts auf einen ausgeprägten Antisemitismus hin. Anders als Karl Lueger oder sein Vater hegt er keine Abneigung oder gar Hass gegen seine jüdischen Mitbürger. Juden sind dem jungen Wohlschläger egal. Das ist durchaus bemerkenswert und erstaunlich, denn es ist davon auszugehen, dass sich sein Vater sehr oft abfällig über Juden geäußert hat. Antisemitische Äußerungen sind in dieser Zeit in Wien nicht nur salonfähig, sondern gang und gäbe.

Unsympathisch sind Leonhard die in Deutschland immer stärker aufkommenden Nationalsozialisten. Er fühlt sich mit dem christlichsozialen Engelbert Dollfuß auf einer Linie, der am 20. Mai 1932 in Österreich Bundeskanzler wird. Auch Dollfuß lehnt die deutschen Nationalsozialisten ab.

Just zu dem Zeitpunkt, als Adolf Hitler drauf und dran ist, sich an die Macht zu putschen, radelt Leonhard mit Freunden aus seinem Radfahrverein in Deutschland herum. Hitlers NSDAP hat nach der Reichstagswahl am 31. Juli 1932 ihren Stimmenanteil auf knapp 40 Prozent fast verdoppelt. Damit haben die Nazis zwar die Mehrheit im Parlament, eine Regierung kann Hitler trotzdem nicht bilden, weil er für sich das Kanzleramt fordert, das ihm die anderen Parteien nicht geben wollen. Daher intrigiert er, blockiert und verhindert sämtliche Koalitionsverhandlungen und provoziert letztlich Neuwahlen, die nur vier Monate später, am 6. November 1932 stattfinden. Leonhard hört während seines Deutschland-Aufenthalts die für Hitler negativen Prognosen, tatsächlich verliert die NSDAP bei den Wahlen Anfang November mehr als 4 Prozent – ein Minus von 34 Sitzen im Reichstag. Die NSDAP bleibt aber stimmenstärkste Kraft und fordert abermals das Kanzleramt für Hitler.

Während Hitler von 1933 an Schritt für Schritt die Macht in Deutschland an sich reißt und damit beginnt, das Land mit seiner menschenverachtenden und irrsinnigen NS-Diktatur zu überziehen, führt Leonhard Wohlschläger in Wien eine Art Boheme-Leben. Die politischen Wirren in Wien kümmern ihn nicht. Dass der damalige Bundeskanzler Engelbert Dollfuß Österreich bereits in einen faschistischen Ständestaat umwandelt, stört Leonhard ebenso wenig wie Hitlers Diktatur in Deutschland. Im Gegenteil: Er findet es richtig, dass jemand mal – hier wie dort – „ordentlich aufräumt", wie er seiner verängstigten Schwester „Schetty" gesagt haben soll.

Bürgerliche Arbeit empfindet Leonhard als Zumutung. Und weil er doch irgendwie seinen Lebensunterhalt bestreiten muss und natürlich auch nicht arm sein will, träumt er vom großen Geld, das er stets mit allerlei legalen und illegalen Geschäften zu machen hofft.

Die etwas naive Familie Brenner, die in der Baumgasse im 3. Bezirk Wiens einen kleinen Auto- und Motorradhandel sowie eine Kfz-Werkstätte betreibt, ist für Leonhard ein willkommenes Opfer. Die einfachen, aber arbeitsamen Brenners sind seit vielen Jahren mit der Familie Wohlschläger befreundet, daher haben sie auch Vertrauen zu Leonhard. Sie bewundern ihn sogar ein bisschen, weil er stets gut gekleidet ist, eloquent und irgendwie weltmännisch auftritt. Leonhard profitiert von seinem bekannten Namen Wohlschläger und von dem damit verbundenen Irrglauben, er hätte Geld von seinem Vater Jakob geerbt.

Jakob Wohlschläger ist in den 30er Jahren bereits arm wie eine Kirchenmaus. Er lebt mit Käthe und seiner Tochter in der 80-Quadratmeter-Mietwohnung an der Erdberger Lände – eben in jener Wohnung, in der Tante Hansi bis zu ihrem Tod gewohnt hat. Leonhard zieht nach vielen Streitigkeiten mit seinem Vater Anfang 1934 aus. Er mietet sich im 7. Bezirk, in der Kaiserstraße, ganz in der Nähe des Mariahilfer Zentralpalasts (wie erwähnt, erbaut von seinem Vater) eine Substandard-Garçonnière. Kaltwasser und WC am Gang. Manchmal hat Tante Hansi meiner Mutter von den harten Jahren erzählt, die sie mit ihren Eltern unter einem Dach erlebt hat. Sie hat von den vielen Streitereien und Konflikten erzählt, die sich immer nur ums Geld gedreht haben: Tante Hansi ist die Einzige, die als Buchhalterin einer regelmäßigen Arbeit nachgeht und daher auch ein monatliches Einkommen hat. Damit bestreitet sie den Lebensunterhalt ihrer Familie. Ihre Mutter Käthe verdient mit kleineren Änderungsschneidereien ein wenig dazu, manchmal mehr, manchmal weniger. Während Käthe die Hosen und Röcke von Freunden und Bekannten kürzt, bemüht sich Jakob Wohlschläger vergeblich um Bau-Aufträge. Tante Hansi streitet in dieser Zeit oft mit ihrem frustrierten Vater. Immer wieder verlangt Jakob von seiner Tochter Geld. Geld, das er für seine Kaffeehausbesuche dringend brauche, weil er dort einflussreiche Leute treffen könne, die ihm Aufträge verschaffen würden, wie Jakob Wohlschläger oft lautstark und nicht selten auch aggressiv argumentiert. Tante Hansi lässt sich fast immer breitschlagen und steckt ihrem verhärmten Vater auch nach heftigen Schreiduellen ein paar Schilling für einen kleinen Braunen zu, obwohl sie genau weiß, dass er wie immer spätabends ohne Bau-Auftrag heimkehren wird.

Es muss in der zweiten Novemberwoche des Jahres 1934 gewesen sein, als Käthe ihren Jakob mit straken Kopfschmerzen, Lähmungserscheinungen und Fieber in das Wiener Krankenhaus Rudolfstiftung bringt. Kurz darauf, am 14. November 1934, stirbt Jakob Wohlschläger in der Rudolfstiftung an den Folgen eines Schlaganfalls. Er ist 65 Jahre alt geworden. Ironie des Schicksals: Fast zeitgleich stirbt auch die hasserfüllte Anna, Jakob Wohlschlägers erste Ehefrau – angeblich ebenfalls an einem Schlaganfall, wie Tante Hansi einmal gegenüber meiner Mutter bei Kaffee und Guglhupf beiläufig erwähnt hat.

Die Gemeinde Wien widmet dem einstigen Stararchitekten und Gemeinderatsabgeordneten ein Ehrengrab, zur großen Erleichterung der hinterbliebenen Käthe Mahr und ihrer beiden Kinder. Sie hätten sich eine standesgemäße Beerdigung nicht leisten können. Die ehrenvolle Beisetzung von Jakob Wohlschläger im November 1934 hat viele Freunde und Bekannte der Familie glauben lassen, dass Leonhard Geld von seinem Vater geerbt haben müsse. Und der junge Wohlschläger hat die Leute auch in dem Glauben gelassen und stets so getan, als hätte er Geld.

Leonhard lebt ein Leben auf Pump. Seinen guten Namen nutzend leiht er sich regelmäßig von Freunden und Bekannten Geld aus. Um seine Geldgeber nicht zu vergrämen, zahlt er immer mit einem Teil des geborgten Geldes seine Schulden anderswo zurück. Er betreibt eine Art „Loch auf, Loch zu"-Strategie, was seine Schulden letztlich nur größer macht. Um endlich zu größeren Beträgen zu kommen, redet er dem alten Brenner in der Baumgasse ein, dass er mit einem Freund einen Eilboten-Dienst eröffnen werde. Mit neuen Motorrädern, die er alle beim Brenner kaufen wolle, werde er für eine rasche und pünktliche Zustellung sorgen. Leonhard macht dem alten Brenner den Vorschlag, dass er sich doch mit einer ordentlichen Summe an dem Eilboten-Dienst beteiligen möge. Brenner – so verspricht Leonhard – werde damit doppelt verdienen, zum einen an den Einnahmen des Botendienstes und zum anderen am Verkauf der Motorräder. Leonhard gelingt es tatsächlich, den gutgläubigen Brenner und dessen Frau für das „Investment" zu begeistern. Wie viel Geld der alte Brenner für seine Beteiligung an Leonhards Eilboten-Dienst bezahlt hat, geht aus den Briefen nicht hervor, es muss aber ein namhafter Betrag gewesen sein, wie aus einem späteren Schriftverkehr zu erahnen ist.

Leonhard verwendet einen Teil des Geldes für den Kauf eines gebrauchten Autos, das er natürlich auch beim alten Brenner bestellt und gleichzeitig eine Ratenzahlung vereinbart. Und er erfindet immer neue Ausreden, warum es gerade nicht möglich sei, dem kleinen Autohändler aus der Baumgasse die Beteiligungspapiere an seiner angeblichen Eilboten-Firma auszuhändigen. Brenner und seine Frau lassen sich hinhalten, sie vertrauen Leonhard Wohlschläger, dem „wohlhabenden" Sohn des einstigen Stararchitekten und Stadtpolitikers – sie vertrauen ihm, bis der Krieg beginnt und Leonhard für die Brenners plötzlich nicht mehr greifbar ist.

Den Abend des 11. März 1938 verbringt Leonhard in seinem Stammkaffeehaus, dem Café Prückel, im Kreise seiner Freunde. Knapp vor 20 Uhr drängen sie sich um ein Radiogerät, das auf der Theke steht. Zwar ist die Tonqualität schlecht, dennoch sind die Worte des damaligen Bundeskanzlers Kurt Schuschnigg deutlich zu hören: „So verabschiede ich mich in dieser Stunde vom österreichischen Volk mit einem deutschen Wort und Herzenswunsch: Gott schütze Österreich!"

Leonhard und seine Freunde nehmen Schuschniggs Rücktritt mit gemischten Gefühlen auf, sie wissen nicht, ob sie erleichtert oder bestürzt sein sollen. Gerüchte vom Einmarsch deutscher Truppen haben bereits die Runde gemacht und bei vielen Cognacs und Zigaretten diskutieren sie bis spät in der Nacht, ob die Machtübernahme Hitlers in Österreich gut oder schlecht sei, ob sie Österreicher oder Deutsche seien ...

Nur zwei Tage später, am 13. März 1938, unterzeichnen Adolf Hitler für das Deutsche Reich und der von Hitler eingesetzte österreichische Nazi-Bundeskanzler Arthur Seyß-Inquart den „Anschluss" Österreichs. Leonhard freut sich darüber nicht, im Gegensatz zu vielen anderen seiner Zeitgenossen. Wie schon erwähnt ist der junge Wohlschläger trotz seiner rechtsnationalen, konservativen Erziehung und seiner vielleicht latent antisemitischen Einstellung kein Freund der deutschen Nationalsozialisten. Leonhard sieht aber wenig Sinn darin, gegen die neuen Machthaber in Österreich aufzubegehren. Er hört von den vielen Verhaftungen der Hitler-Kritiker. Leonhard will Ruhe haben, sein recht angenehmes Leben weiterleben und ist daher bereit, sich mit den Nazis zu arrangieren, obwohl tags zuvor, am 12. März 1938, eine Orgie der Gewalt gegen Leonhards jüdische Mitbürger stattgefunden hat und tausende jüdische Geschäfte in Wien geplündert und teilweise abgefackelt wurden. Leonhard sieht all dem teilnahmslos zu, auch dem aufbrandenden, frenetischen Jubel von rund 250.000 Menschen, als am 15. März die Wagenkolonne mit dem strammstehenden Adolf Hitler an der Spitze auf den Heldenplatz rollt. Leonhard weiß in diesem Moment nicht so recht, ob er, wie viele seiner Freunde, ebenfalls jubeln, ob er sich empören oder doch sorgen soll. Die meisten Freunde Leonhards betrachten Hitlers Machtübernahme in

Österreich eher zustimmend und als längerfristig gedeihlich für das Land. Nach dem Ende des Ersten Weltkriegs glauben nur wenige an die Lebensfähigkeit der blutjungen Republik Österreich. Immer noch gezeichnet von der Wirtschaftskrise in den 20er Jahren und geschockt von den bürgerkriegsähnlichen Zuständen in den 30er Jahren glauben viele, das Schicksal des Staates einem „starken Führer" anvertrauen zu müssen. Hitlers Charisma beeindruckt Leonhard und seine Freunde. Und dass der Mann aus Braunau auch noch gebürtiger Österreicher ist, quasi einer von ihnen, lässt sie über Vieles hinwegsehen.

In den Wochen nach der Machtübernahme Hitlers bleibt Leonhard skeptisch, aber er zeigt seine Skepsis nicht. Nur mit seiner Schwester spricht er oft von den „scheiß Nazis". Doch am 9. April 1938 ändert er seine Meinung. Es ist der Vorabend der Volksabstimmung, mit der sich Hitler die Einverleibung Österreichs ins Deutsche Reich vom „Volk" absegnen lassen möchte. Der junge Wohlschläger steht inmitten tausender Menschen in der Nordwestbahnhalle in Wien-Brigittenau und verfolgt den Auftritt Adolf Hitlers. Gebannt lauscht er der Rede des „Führers". Hitler wendet sich ganz bewusst an die Skeptiker seines menschenverachtenden Regimes. Zwar sind in den Tagen zuvor schon rund 70.000 ehemalige Politiker, kritische Intellektuelle und deklarierte Regimegegner verhaftet worden, aber Hitler tut so, als hätte er Verständnis für seine Kritiker, als würde er Andersdenkende mit Argumenten überzeugen wollen. Hitler mimt den verständnisvollen Demokraten. In anfangs ruhigen Worten erzählt der Diktator, wie er als Soldat im Ersten Weltkrieg seine Pflicht für das Vaterland getan habe. Ein blutjunger, namenloser Soldat sei er gewesen, schweigend und blind gehorchend. Und nach dem Krieg habe er nur noch ein Ruinenfeld gesehen. Sein Vaterland sei geschlagen und wehrlos gewesen. Mehrmals betont Hitler, dass er den Niedergang Deutschlands nicht verschuldet habe. Und dann erhebt Hitler – wie üblich – seine Stimme und donnert Leonhard und der um ihn stehenden Menschenmasse folgende Worte theatralisch entgegen: „Als ich aber so meine Heimat wiederfand, zerrissen und geschlagen, ohnmächtig und wehrlos, fasste ich den Entschluss, jetzt zu rrrreden!" (die Rs hat er immer sehr gerollt). Noch während der rollenden Rs brandet frenetischer Applaus auf – und auch Leonhard klatscht. Jetzt ist er überzeugt. Überzeugt, dass Hitler doch der Richtige ist, der nach der Wirtschaftskrise, den bürgerkriegsähnlichen Zuständen und der ständestaatlichen Diktatur bis 1938 eine Wende zum Guten herbeiführen wird. Er fühlt eine Art Aufbruchsstimmung. An diesem Tag hat sich Leonhard mit den Nationalsozialisten versöhnt – er wird das noch bitter bereuen!

Am nächsten Morgen, am 10. April 1938, stimmt er bei der Volksabstimmung auf die Frage: „Bist du mit der am 13. März 1938 vollzogenen Wiedervereinigung Österreichs mit dem Deutschen Reich einverstanden und stimmst du für die Liste unseres Führers Adolf Hitler?" mit JA. Bei einer Wahlbeteiligung von (angeblich) 99,71 Prozent stimmen (angeblich) 99,08 Prozent mit JA. Der junge Wohlschläger ist überzeugt, richtig gewählt zu haben. Dass er schon bald in der Uniform der Deutschen Wehrmacht stecken wird, ahnt er nicht.

Leonhards Soldatenleben

Leonhard bekommt den Kriegsbeginn am 1. September 1939 erst am Nachmittag mit, weil er sehr lange geschlafen hat. Ein Freund hat Geburtstag gefeiert, und eine ordentliche Feier hat sich Leonhard nie entgehen lassen. Er muss wohl gerade erst nach Hause gekommen und eingeschlafen sein, als um 4 Uhr 45 gut 1000 Kilometer entfernt das veraltete, mehr als 30 Jahre alte deutsche Linienschiff SMS Schleswig-Holstein, das in der Danziger Bucht nach einem Freundschaftsbesuch vor Anker liegt, das Feuer auf polnische Stellungen eröffnet. Es sind die Stellungen polnischer Soldaten, die auf der langgestreckten Halbinsel namens Westerplatte (zwischen Ostsee und Danziger Hafenkanal) ein befestigtes Munitionsdepot zu sichern haben. Zeitgleich greift die Deutsche Wehrmacht die Weichselbrücke bei Dirschau (Tczew) an und bombardiert die zentralpolnische Stadt Wielun. Nur zwei Tage später erklären Frankreich und Großbritannien dem Deutschen Reich den Krieg. Damit hat der Zweite Weltkrieg begonnen, der rund 50 Millionen Menschen das Leben kosten wird.

MENU

Feingemischte Suppe
-o-
Fisch-Majonnaise
-o-
Lungenbraten
Kohlsprossen - Butter-Kartoffeln
-o-
Hochzeitstorte
-o-
Mocca

Wien,den 8.Februar 1940

HOTEL WALLACE · KUMMER

Hochzeitsmenü für Edith und Leonhard, 1940.

Spätestens jetzt ist allen im Land – auch unserem Leonhard – klar, dass der Krieg schon eine Zeitlang dauern und das Leben der Menschen verändern wird. Daher trifft jeder so seine Vorkehrungen. Auch Leonhard. Er bereitet sich auf österreichische Weise auf den Krieg und sein künftiges Soldatenleben vor: Er heiratet – tu felix austria nube, bella gerant alii (= du, glückliches Österreich heirate, Kriege mögen andere führen).

Leonhard kennt Edith schon länger. Er hat sich immer wieder mit ihr getroffen, weil sie ihm die liebste aller seiner leichten Vorstadtmädel ist. Edith – ein Mädchen der Wiener Arbeiterklasse aus Neubau – ist jung, hübsch und sehr lebenslustig – also, genauso wie er, äußerst aufgeschlossen für Vergnügungen aller Art. Wie Leonhard hat auch Edith gerne gelacht und das süße Leben geliebt, aber es mit redlicher Arbeit leider nur schlecht selber verdienen können. Daher hat sie (sehr erfolgreich) auf ihre weiblichen Reize gesetzt und sich gerne von wohlhabenden und großzügigen Herren aushalten lassen. In den Augen Ediths ist Leonhard so ein Herr. Sie merkt nicht, dass er nur so tut, als sei er wohlhabend. Und weil sich der junge Wohlschläger immer im richtigen Mo-

42

ment großzügig zeigt, hat er das Herz der jungen, aber damals noch naiven Edith im Sturm erobert. Dass Leonhard zwar ein Charmeur und aufregender Liebhaber ist, aber nicht einmal einen „luckerten Heller" im Sack hat (wie man damals in Wien sagt), ist der guten Edith erst Jahre später aufgefallen.

Aber es ist für beide ohnehin nicht die klassische Liebesheirat, sondern mehr eine Ehe aus Kalkül. Der Krieg hat begonnen. Man rückt nicht nur zusammen, sondern trifft natürlich auch finanzielle Vorkehrungen. Für verheiratete Soldaten im Kriegseinsatz gibt es staatliche Beihilfen. Ehefrauen und unversorgte Familienmitglieder werden im Hitler-Reich unterstützt – und dieses Geld will sich Leonhard nicht entgehen lassen. Und so geben sich Leonhard und Edith Anfang Februar 1940 das Ja-Wort, weil sie auf die staatliche Unterstützung nicht verzichten wollen. Leonhards Mutter hat wenig übrig für Ehen aus Kalkül. Sie erinnert sich mit Wehmut daran, dass ihr verstorbener Ehemann aus Liebe mit ihr durchgebrannt ist. Haus und Hof zurückgelassen, Reichtum und Ruhm aufgegeben, nur um mit ihr aus reiner Liebe ein neues Leben zu beginnen. Und was tut ihr Sohn Leonhard? Er heiratet eine Vorstadtschlampe aus reiner Geldgier – so oder so ähnlich muss Leonhards „liebe Mama" wohl gedacht und empfunden haben, als sie ihren damals 27-jährigen Sohn am 8. Februar 1940 – vermutlich mit versteinerter Miene – zum Standesamt geführt hat. Die Hochzeitsgesellschaft ist zur Tafel im noblen Hotel Wallace-Kummer in der Mariahilferstraße 71 geladen.

Am Tag nach der Hochzeit ist es für Leonhard soweit. Der junge Herr Wohlschläger muss einrücken. Er meldet sich als Kraftfahrer. Seiner Mutter schreibt er:

Liebe Mama!

Nun bin ich also schon 3 Tage Soldat! - also, gar
so leicht fällt mir das nicht.

Als wir hier ankamen, so ca. 7oo bis 8oo Mann, fast
alle Chauffeure oder zumindest Motorradfahrer, bekamen wir gleich heute ein bisschen Vorahnung von
dieser „wirklich netten Staatsgewalt".

Alles ziemlich mangelhaft - Uniformen zu groß oder
zu klein, Schuhe habe ich überhaupt noch nicht, -
aber sonst Militärzwirn. Von einem Auto vorläufig
keine Spur - ca. 4-6 Wochen Infanterie-Ausbildung
von 6 Uhr früh bis 9 Uhr abends und immer muss alles
rasch gehen und nochmals rascher!

Morgen kommen schon Gewehrübungen. Theorie hatten
wir auch schon, dann nach dieser Zeit können wir
erst mit einer Prüfung den Heeresführerschein machen. Danach geht's höchstwahrscheinlich an die
Front! - zu irgendeinem Truppenkörper, wo eben ein
Fahrer fehlt!

Muss separat noch den ganzen, schweren 2er-Führer-
schein machen und dazu auch noch die Dieselprüfung.
Das müssen wir Berufsfahrer machen. Die anderen
kommen entweder aufs Motorrad oder bei Nichteignung
zur Infanterie!

Die Kost ist reichlich und bis jetzt sehr gut (viel
Wurst, auch Fleisch).

Anfangs waren wir alle ziemlich niedergeschlagen,
aber jetzt haben wir vor lauter Lernen nicht mehr
viel Zeit dazu, denn alles muss express gehen.

Nun, liebe Mama, mach dir nichts draus, auch das

wird überstanden werden - so ganz aus Zucker bin
ich ja auch nicht. Es kann sogar vorkommen, dass ein
Unteroffizier früher schlapp macht als unsereins,
wie es gestern der Fall war.
Lass mir auch die Schetti schön grüßen, dein dankbarer Sohn
Leo
P.S. Du kannst mir ohne Marken schreiben, stattdes-
sen einfach „Feldpost" draufschreiben.

Aus vielen Briefen geht immer wieder klar hervor, dass sich
die „Liebe Mama" mit ihrer Schwiegertochter Edith ganz
und gar nicht verstanden hat. Käthe Mahr hält Edith für eine
arbeitsscheue Schlampe, die nur auf ihren Vorteil bedacht ist
und dafür über Leichen geht. Auch Leonhard scheint seiner
jungen Ehefrau keine allzu große Bedeutung für sein Leben
beizumessen. In seinen militärischen Alltag ist Leonhards
Mutter mehr eingebunden als seine Frau Edith. Zumindest
lässt sich das aus einer Postkarte schließen, die der frisch ein-
gerückte Wehrmachtssoldat Wohlschläger nur wenige Tage
nach seinem ersten Brief an seine liebe Mama geschrieben
hat. Er hat nämlich seine Zivilkleidung zu seiner Mutter
nach Hause geschickt, und nicht zu seiner Frau Edith, die
kurz vor der Hochzeit seine Garçonnière im 7. Bezirk bezogen hatte:

Feldpostkarte, Enns, 18.2.194o

Liebe Mama!
Hast du meinen Brief und mein Zivilgewand erhalten!?
Was gibt es Neues? Bitte schreibe mir bald und lege
mir eventuell Post bei!

```
Mir geht's soweit ganz gut. Müssen viel lernen.
Viele Grüße an dich und Schetty
Dein dankbarer Sohn u. Soldat
Leo
```

Leonhard absolviert in der Garnisonskaserne in Enns bei
der Kraftfahrabteilung 17 seine militärische Ausbildung zum
Kraftfahrer. Es ist dieselbe Kaserne, in der Franz Jägerstätter im März 1943 inhaftiert wird, nachdem er sich aus Ge-
wissensgründen geweigert hat, für Hitler den Wehrdienst zu
leisten. Der tiefgläubige Katholik Jägerstätter wird im Zuge
seines Gerichtsverfahrens von Enns weiter nach Berlin-Char-
lottenburg gebracht werden, wo ihn ein Kriegsgericht wegen
Wehrkraftzersetzung zum Tode verurteilen wird. Jägerstätter
wird am 9. August 1943 im Zuchthaus Brandenburg mit dem
Fallbeil hingerichtet. Unter Papst Benedikt XVI. ist er am
26. Oktober 2007 im Linzer Mariendom selig gesprochen
worden.

Während Leonhard in Enns das Fahren im Gelände übt,
werden seine zahlreichen Gläubiger in Wien langsam nervös. Sie hätten gerne ihr Geld zurück, das sie Leonhard ge-
borgt haben. Und weil Leonhard nicht greifbar ist, wenden
sich einige seiner „Geschäftspartner" mit ihren finanziellen
Forderungen an seine Mutter. Die „liebe Mama" ist entsetzt
zu erfahren, dass ihr Sohn überall Schulden hat, und fordert
ihn brieflich auf, diese schleunigst zu begleichen. Der „böse"
Brief von Käthe Mahr an ihren Sohn ist leider nicht erhalten,
dafür aber Leonhards schriftliche Antwort:

Liebe Mama!

Habe deinen Brief dankend erhalten und will dir nun dein Schreiben schön der Reihe nach beantworten!

Dass der Hut verdrückt ist, war nicht anders zu erwarten, wird schon wieder in Fasson kommen.

Die Abzeichen hat alle die Edith, wegen „Putzgefahr" vorher schon abgenommen. Lackschuhe ebenfalls bei Edith. Ebenso der Pelz.

Die braunen Schuhe sind im Pfandl, hat aber noch lange Zeit zum Auslösen.

Das Brot hab ich mit Absicht beigegeben, damit du weißt, wie grauslich Kommissbrot ist - unser jetziges schmeckt nach Hafer.

Was die 5o,- RM anbelangt, so hoffe ich, dir dieselben bald zurückbezahlen zu können. Außerdem wird die Edith ja auch bald die Unterstützung bekommen. Sie hat mir da auch Umstände geschrieben, doch ich habe dies von hier über den Fürsorgeunteroffizier vom Magistrat erledigen lassen, dauert halt ein bisschen länger, aber sie wird es bestimmt bekommen.

Die Karte vom ital. Konsulat nur wieder retoursenden, ganz richtig so, der soll nur warten [Anm.: vermutlich aufs Geld].

Was Rochus Garage anbelangt, bin ich nicht so viel schuldig, habe ihm auch von hier geschrieben. Da ich eingerückt bin, muss auch er warten.

Was die Karte vom Kubisch (Anstreicher) betrifft, habe ich auch ihm geschrieben, geht mich nichts an, die Gusti hat mir gesagt, sie hätte ihn schon

bezahlt. Außerdem habe ich die Arbeit nicht ange-
schafft, sondern nur vermittelt.

Was Hochzeitsgeschenke anbelangt, so weiß die Edith
schon von allen Gläsern, aber ich habe ihr auch
gesagt, ich hätte schon einen Preis ausgemacht, du
brauchst also nur die 12 Weingläser als Hochzeits-
geschenk spendieren, und auch erst, bis ich wieder
zurückkomme, da sie ja auch keinen Platz haben. Die
anderen hebe mir bitte auf. Du kannst ja dann der
Schetti von dem Geld, das ich dir dann dafür gebe,
was anderes kaufen.

Mir geht's so halbwegs gut. Erste Woche hatten wir
täglich Fleisch, 2. Woche, heute ist Donnerstag der
22. noch kein Fleisch, bis jetzt. Auch sonst bin
ich vom Militär recht wenig begeistert. Gewehr,
Bajonett, Gasmaske schon gefasst, müssen fleißig
exerzieren usw. Vorgestern sind wir impfen gewesen, gegen Typhus, waren danach alle gleich zwei
Tage krank.

Auch meine Nieren hab ich durch die starke Verküh-
lung ziemlich gespürt. War beim Militärarzt, hat
gesagt, ich hätte „Tachorose" (kommt von Tachinie-
ren), hatte starkes Fieber, aber durch ein Aspirin
und Glühwein von der Kantine habe ich mich so halbwegs auskuriert.

Heute waren wir Gasmasken im Tränengasraum auspro-
bieren, na, so allerhand Tschoch, den ich halt nicht
gewöhnt bin. Täglich geht eine Menge Fahrer an die
Front, nächste Woche werden wir zum Scharfschießen
und zur Fahrschule herangezogen.

Samstag haben wir Vereidigung, Sonntag wahrschein-

lich Ausgang, vielleicht kann ich dann hier zu einem
Bauern gehen und etwas Fett auftreiben.
Auch sonst muss man sich mit allem Zwang hineinfü-
gen, aber die Vernunft muss ja doch siegen, denn
so geht's am besten. Ich schlag mich halt durch, so
gut es geht und hoffe, dass auch dies hier ein Ende
nehmen wird. Als Fahrer werde ich dann wahrscheinlich einen besseren Schwindel haben.
Grüße an dich sowie Schetty aller herzlichst
Dein Sohn
Leo
P.S. Wenn wieder Post kommt, so sende sie mir bitte
nach.

Eigentlich ist Leonhard die Einberufung zum Militär gelegen
gekommen. Denn der Krieg ist eine neue und willkommene
Ausrede, warum er jetzt leider wieder nicht zahlen kann. Vor
allem der alte Brenner hat ihm zuletzt schon recht heftig zu-
gesetzt. Aber dem guten Leonhard sind halt jetzt die Hände
gebunden, höhere Gewalt. Leonhard steht im Dienste des
„Großdeutschen Reiches" und hat wichtigere Aufgaben, als
Gläubiger in Wien zu bedienen. Die müssen eben bis zum
„Endsieg" auf ihr Geld warten. Sie würden schon alles bald
bekommen, wie der „brave Soldat" Leonhard in seinen Briefen stets ausrichten lässt. Damals ist so ziemlich jeder in Wien
überzeugt, dass der Krieg rasch gewonnen und daher auch
bald zu Ende sein wird.
  Anfang 1940 fühlt sich Leonhard noch recht wohl in seiner Haut – er ahnt nicht, dass er schon bald schwierige Zeiten durchleben wird. Er fügt sich in den Militärdienst und
genießt die Freiräume, die er sich so schaffen kann. Und der

junge Soldat Wohlschläger freut sich, dass seine Gläubiger keinen Zugriff auf ihn haben. Irgendwie glaubt er sich im Recht, jetzt nicht zahlen zu müssen, weil er ja „Höherem" dient. Das einzig wirklich Enervierende für Leonhard ist der Drill des Militärdienstes, der dem Wiener Lebemann ziemlich auf die „Socken" geht:

Feldpost, Enns, 5.3.1940

Liebe Mama!
Wir werden hier ziemlich fest geschliffen, muss mir viel gefallen lassen.
Stimmung ist nicht gut, es geht uns nicht besonders. Sind mehr krank als gesund. Alle sind zumindest schwer verkühlt. Jeden Dienstag diese verflixten Impfungen, die dann immer 2-3 Tage gehörig schmerzen.
Seit gestern sind wir in der „Fahrschule", fahre jetzt mit 7- bis 8-Tonner-Lastwagen und Mannschaftsbussen.
Und nun sei vielmals gegrüßt auch Schetti, von deinem dankbaren Sohn
Leo

Was Leonhard nicht weiß, ist, dass Adolf Hitler mit seinem Generalstab zu diesem Zeitpunkt (März 1940) bereits den Westfeldzug plant und alle militärischen Vorbereitungen der Deutschen Wehrmacht auf den Überfall der neutralen Benelux-Staaten und Frankreichs abzielen. Leonhard ist mit seinen Kameraden in der Garnisonskaserne Enns für den Frankreichfeldzug vorgesehen. Zwischen dem 10. Mai und dem 25. Juni werden in einem Blitzkrieg zuerst Belgien, die Niederlande und Luxemburg besetzt und am 15. Mai zwingt die Wehrmacht in einer entscheidenden Panzerschlacht nahe der nordwestfranzösischen Stadt Sedan in den Ardennen Frankreich in die Knie. Mit dabei, aber nicht ganz an vorderster Front ist Leonhard.

Genau zwei Monate vor der Schlacht bei Sedan schreibt Leonhard wieder an seine Mutter:

Enns, 15.3.1940

Liebe Mama,

Nun habe ich gestern alle Prüfungen mit „Sehr gut" abgelegt und bekomme nun den Militärführerschein, und zwar für Diesel und ganz große Autobusse bis 22m Länge. Hoffe, dass ich dadurch eine bessere Stelle beim Militär bekomme.

Heute sind wir bereits in die Baracken übersiedelt, heißt hier allgemein „Abgangsobjekt"!

Von der alten Mannschaft ist fast kein Mann mehr hier in Enns. Es sind sogar schon zwei von der unsrigen Kompanie abgegangen! Wird bei mir voraussichtlich nur mehr 14 Tage dauern, dann komme ich irgendwohin und werde dann alle Augenblicke, höchstwahrscheinlich, woanders sein.

Mit dem Urlaub ist es recht bitter. Haben schon die Urlaubsgesuche abgegeben. Sie sagen, dass nur 25% davon bewilligt werden und gestern ist bekannt geworden, dass es überhaupt keinen Urlaub gibt. Es ist eine neue, verlängerte „Urlaubssperre" in Kraft getreten, weil angeblich zu wenige Waggons zur Verfügung stehen. Und heute ist sogar verlautbart worden, dass auch für Zivilpersonen, sozusagen für

unsere Angehörigen, namentlich der zivile Reisever-
kehr, um uns besuchen zu können, eingestellt wird.
Ab nächster Woche wird wieder fest exerziert, usw.
Sind schon froh, dass wir von hier weg können, weg
vom Kohlenschaufeln oder dem Straßenbau in der Ka-
serne, und die ist nicht gerade klein.
Von der Edith bekomme ich jede Woche immer ein Paket
oder auch zwei (auch von ihrer Mutter).
Mit der Unterstützung ist bis jetzt immer noch
nichts erreicht worden, obwohl ich auch von unserem
Kommando an den Magistrat Neubau schreiben ließ.
Hoffe aber, dass bald was Anständiges daraus wird.
Nun noch herzliche Grüße an dich und Schetty von
deinem Sohne
Leo
P.S: Die Prüfungen (3) waren nicht leicht, es sind
viele durchgefallen, die werden Beifahrer oder kom-
men zur Infanterie.
Morgen kommen neue Rekruten.

Nicht nur Leonhard hat Geldsorgen, auch seine Familie daheim in Wien. Die liebe Mama verdient ein wenig mit ihrer
Schneiderei, Johanna kommt als Buchhalterin so einigerma-
ßen über die Runden und auch Leonhards Frau Edith bleibt
nichts anderes übrig, als zu arbeiten – nämlich als Hausmeis-
terin in dem Mietshaus im 7. Bezirk, wo sie mit Leonhard
die Garçonnière bezogen hat. In einem Brief erwähnt Leonhard, dass Edith „sogar jetzt auch im Hof Schnee schaufeln
müsse". Jedenfalls hat Edith nicht viel Geld und hofft, wie
auch die „liebe Mama", auf die finanzielle Unterstützung des
Deutschen Reiches. Das ist eine monatliche Zahlung, die den

Angehörigen der eingerückten Soldaten zusteht, wenn sie vor dem Krieg für Familienmitglieder finanziell aufkommen mussten. Leonhard hat diese Unterstützung gleich beim Einrücken beantragt, und angegeben, dass er nicht nur für seine Frau Edith zu sorgen habe, sondern auch seine „kranke" Mutter unterstützen müsse. Doch die bürokratischen Mühlen der Nazis mahlen langsam, sehr langsam sogar:

Enns, 22.3.1940

Liebe Mama!

Habe deinen Brief vom 19.dM und Schettis Packerl mit Zigaretten dankend erhalten. Was Unterstützung anbelangt, so ist vorerst auf beiden Magistraten der Akt gelaufen - Edith hat bisher große Schwierigkeiten gehabt und mir dies alles mitgeteilt. Daraufhin habe ich einen Brief an das Magistrat Landstraße geschickt, und später, da es noch immer nicht geklappt hat, auch noch einen Brief von unserem Kommando an den Magistrat Neubau schreiben lassen.
Vorerst bekam Edith überhaupt keine Unterstützung bewilligt, später nur 42,- RM, die sie aber auch noch nicht bekommen hat. Außerdem sagte ich auch, dass du arbeitsunfähig bist wegen Bruch und auf mein Geld angewiesen bist. Nun ist der Akt schon solange im Laufen, muss aber jetzt bald endlich soweit sein. War auch deswegen bei unserem Leutnant beim Rapport und hab ihm die Schwierigkeiten mit der Unterstützung erzählt, worauf er nur erwiderte: „So geht es gar vielen, kein Wunder bei den vielen Eingerückten!" Trotzdem müsst ihr beide dementsprechend unterstützt werden. Ich gebe nicht früher Ruhe,

bis ihr die Unterstützung bekommt. Du weißt ja, so
leicht gebe ich mich nicht geschlagen und wenn ich
deshalb bis zum Führer gehen müsste.
Frauen sind da viel zu lax. Ich bin hier, und darf
dafür Dienst machen, z.B. von Samstag auf Sonntag
24 Stunden ununterbrochen als „Unteroffizier vom
Dienst".
Lange wird es nicht mehr dauern, dann sind wir irgendwohin versetzt. Wohin? Keine Ahnung, wissen es
selber nicht. Dürfen dann länger nicht schreiben,
wenn es an die Front geht. Ich bekomme dann wahrscheinlich eine Feldpostnummer, keiner weiß dann
etwas.
Habe die Prüfungen von ca. 15o Mann als Zweitbester
mit lauter „Sehr gut" bestanden. Waren derer drei.
Ich soll jetzt eventuell auch den Fahrlehrerkurs
absolvieren, und könnte danach im Range eines Leut-
nants vorwärts kommen. Es herrscht da ein großer
Mangel an Lehrkräften. Aber auch Fahrer werden wie
frische Semmeln gebraucht. Wir Fahrer müssen auch
die gesamte Infanterieausbildung mitmachen, da es
vorkommen kann, dass auch wir ins feindliche Feuer
geraten.
Lieber wäre mir, wenn ich hier weiterlernen könnte,
wenn auch die Kost und die militärische Behandlung
nicht gerade besonders sind. Aber als Fahrer, so
schreiben Kameraden, geht es einem bedeutend besser. Kommt aber sicher auch drauf an, wo man fährt.
Jedenfalls bin ich zu den weiteren Prüfungen und
Kursen dem Major hier vorgeschlagen worden.
Bezüglich der 1o,- RM vom Startecky Karl, die ich

54

ihm schulde, habe ich gehört, dass auch er bereits
am 15. März eingerückt ist.
Nun noch herzliche und beste Grüße an dich und
Schetti, hoffe, dass ihr bessere Ostern verbringt
als ich, aber alles ist vergänglich. Hoffe sehr,
dass du bald deine Unterstützung bekommst.
Dein dankbarer Sohn
Leo

Der 27-jährige Leonhard Wohlschläger ist knapp davor, an
die Westfront verlegt zu werden, wo jeder Mann dringend
gebraucht wird. Denn zwei Monate vor dem Frankreichfeldzug befiehlt Hitler Ende März 1940 den Beginn des „Unter-
nehmens Weserübung" – das ist der Deckname des Überfalls
der Deutschen Wehrmacht auf Norwegen und Dänemark.

Im Wohnhaus von Leonhards Mutter an der Wiener
Erdberger Lände wird im April 1940 im letzten Stock eine
Wohnung frei. Die Familie Berger mit drei halbwüchsigen
Kindern soll Hals über Kopf ausgezogen sein, wie im Haus
getratscht wird. Die „Bassenaweiber" zerreißen sich den
Mund darüber, dass sich die Familie nach so vielen Jahren im
Haus gar nicht ordentlich verabschiedet hätte. Auch wohin
sie übersiedelt ist, weiß die Hausgemeinschaft nicht genau.
Man munkelt, dass die Bergers zu ihren jüdischen Verwandten nach Amerika gezogen seien. So wie diese jüdische Familie haben rund 6500 Wiener Jüdinnen und Juden ein Visum
und ein sogenanntes Affidavit für die Vereinigten Staaten
bekommen. Rund 50.000 haben eine Ausreise in die USA
beantragt. Den wenigsten wird die lebensrettende Ausreise-
genehmigung erteilt. In dieser Zeit fällt der Wiener Bevölkerung die wachsende Zahl der leerstehenden Wohnungen

und der Hochbetrieb in der Kultusgemeinde im 2. Bezirk auf, die sich um ausreisewillige Jüdinnen und Juden kümmert.

Knapp vor Hitlers Überfall auf Dänemark und Norwegen schreibt Leonhard wieder an seine Mutter. Immer noch ringt er mit den Behörden um eine finanzielle Unterstützung des Deutschen Reiches für seine Frau Edith und für seine „liebe Mama":

_____

Enns, 3.4.1940

Liebe Mama,
Deinen letzten Brief habe ich dankend erhalten.
Was die Unterstützung anbelangt, musst du sagen, ich habe in letzter Zeit ca. 400 bis 500 RM verdient. Bestätigung vom Finanzamt darüber liegt am Magistrat Neubau. Du musst wie Edith, die bereits 72,- RM zugesprochen bekommen hat, hoffentlich zumindest genau so viel erhalten.
Edith war letzten Samstag und Sonntag bei mir. Viel Neues gibt es nicht bei ihr, aber dafür bei mir: Ich war jetzt bereits dem Fahrlehrerkurs zugeteilt. Hatte auch schon einige Tage Unterricht hinter mir und nun werde ich mit ca. 30 anderen Kameraden, alle waren sie die besten Fahrer, versetzt an die Front. Wohin, keine Ahnung. Aber was so durchgesickert ist nach Kassel und weiter Westwall - ob es wirklich wahr ist, weiß ich nicht.
Wir haben hier alles abgegeben, wurden komplett feldmäßig ausgerüstet. Morgen früh geht's schon ab mit der Bahn einem unbekannten Ziel entgegen.
Bitte, schreibe daher nicht mehr an meine alte

Adresse, alle Post hebe auf, bis ich dir wieder
schreibe.
Wann und von wo, das weiß ich noch nicht. Und was
ich schreiben kann, weiß ich auch noch nicht. Ich
glaube kaum, dass wir im Hinterland bleiben werden,
schon wegen der Ausrüstung, die wir erhielten.
Meine Sachen hat die Edith mitgenommen, den Koffer
schicke ich ihr heute noch.
Jetzt müssen wir schon wieder antreten, Generalbe-
sichtigung usw.
Jedenfalls könnte ich überall hinkommen.
Ich grüße dich sowie Schetty auf das herzlichste
Dein dankbarer Sohn
Leo

Anfang April wird Leonhard Richtung Front verlegt. Auf
seine Briefe darf er nur noch das Datum schreiben, den Ort
nicht mehr. Erlaubt ist nur noch die Abkürzung „O.U." für
„Ortsunterkunft".

Feldpost, 7.4.1940

Liebe Mama!
Nach vielem Umsteigen sind wir nach langer Fahrt
endlich hier wohlbehalten angekommen und werden
morgen unserer Bestimmung als Kraftfahrer zuge-
führt. Wir sind in einem Gasthof einquartiert, natürlich im Theatersaal auf Stroh, aber sehr gut.
Wenn du mir schreiben willst, kannst du das jederzeit, denn meine Feldpostnummer 32459 bleibt.
Sollten wir wieder versetzt werden, wird die Post
nachgesandt. Ansonsten im Westen nichts Neues.

Sage eventuell Edith oder vielleicht du, wenn du
kannst, mir bei Gelegenheit den Schlüssel zu meinem
Koffer zu schicken, habe meinen verloren.
Meine Anschrift ist auf alle Fälle Soldat, nicht
Kraftfahrer. Siehe Umschlag.
Es wird wahrscheinlich noch sehr lange dauern, bis
ich wieder einmal nach Wien komme.
Hab keine Sorge um mich!
Es grüßt euch alle herzlich
Dein dankbarer Sohn
Leo

Leonhard ist vermutlich ganz im Westen Deutschlands an der
Grenze zu Belgien, Luxemburg oder Frankreich als Kraftfahrer im Einsatz. Seine Kompanie ist für den Westfeldzug
vorbereitet, der am 10. Mai 1940 beginnt. Vier Wochen davor
schreibt Leonhard:

Ortsunterkunft 14.4.1940
Liebe Mama,
Schreibe dir nun wieder einmal, damit du nicht in
Sorge um mich bist.
Die Ereignisse der letzten Tage, Besetzung von Norwegen, Dänemark waren gewiss überraschend, doch ist
unsere Kompanie daran nicht beteiligt. Wir sind nach
wie vor irgendwo im Westen, so ziemlich alle 30 Mann
zusammen mit anderen Ostmärkern und Deutschen - habe
auch schon einen Wagen bekommen (Geländewagen mit
10 Rädern) und so sind wir bis jetzt immer dabei, im
blauen Schlosseranzug, jeder für sich, seine Kiste
zu reinigen, schmieren und reparieren.

Schauen dabei aus wie Automechaniker, voll Öl und
Schmutz und werden trotz waschen nicht mehr rein.
So verdreckt und alt sind diese Kraxen, aber laufen
trotzdem über Berg und Tal, zum Staunen ist das.
Ansonsten gibt es auch manchmal interessante Begebenheiten, aber trotzdem sind wir nun wieder in
einem Nest, genauso wie früher, nichts los, aber
auch schon gar nichts!
Viele von uns haben nicht einmal ein Essbesteck,
müssen mit dem Taschenmesser und den Fingern „di-
nieren". Wir müssen uns halt so durchgfretten [Anm.:
abmühen], immer in der Hoffnung, dass dies auch
einmal ein Ende nehmen wird.
Das Wetter ist ziemlich kalt und regnerisch, also
mit einem Wort ungemütlich. Wenn nicht immer der
gute Glaube und der Wiener Hamour mit dabei wären,
wäre uns sicherlich langweilig.
Hast du meine letzte Post erhalten? Kann dir leider nicht mehr schreiben, da es ja nichts mehr zu
schreiben gibt.
Was gibt es Neues in Wien? Habe noch keine Post erhalten. Wie ist die Sache mit der Unterstützung? Bin
schon sehr auf Nachricht von dir und Edith gespannt.
Hoffentlich bekommt ihr überhaupt meine Post.
Die Kost ist ganz gut, täglich Fleisch, sogar 6 Zigaretten pro Mann, oder 3 Zigarren. An Urlaub ist
nicht zu denken, sind auch viel zu weit weg von
Wien. War Edith wieder einmal bei dir?
Nun bin ich am Ende mit meinem Latein, auch mit dem
Geld, Stier sind wir immer. Soldatenschicksal. Nun
ja, ist ja tatsächlich so: von Federn auf Stroh –

ganz genau so, nur auf Stroh, ohne Strohsack, jetzt
müssen wir auch einmal ausmisten, wie im Stall, aber
im Theatersaal.
Es grüßt und küsst dich herzlich, sowie Schetti (wo
bleiben die österreichischen Zigaretten?)
Dein dankbarer Sohn und begeisterter Soldat
Leo

Leonhard ist alles andere als ein „begeisterter Soldat" – aber
er weiß, was er schreiben darf und was nicht. Denn den Soldaten der Deutschen Wehrmacht werden schon kurz nach
ihrem Einrücken die Vorschriften im Feldpostverkehr eingebläut. So dürfen etwa keine Einzelheiten der Dienststelle, wie
Zusammensetzung, Stärke, Aufenthaltsort, Name der Vorgesetzten und Kameraden, Ausrüstung und Bewaffnung, militärische Absichten, Einzelheiten der Stellung oder gar Verluste mitgeteilt werden. Selbstverständlich dürfen auch keine
feindlichen Flugblätter oder Propagandaschriften verschickt
werden. Kurzschrift ist erlaubt, Morse-, Spiegel- oder sonstige Geheimschrift verboten. Es darf nur in europäischen Spra-
chen geschrieben werden. Die Feldpost der Soldaten wird ab
März 1940 streng kontrolliert. Die Zensurbehörden können
aber nur Stichproben machen, denn das Postaufkommen ist
gewaltig. Den meisten Soldaten ist offenbar bewusst, dass nur
ein kleiner Teil der Feldpost kontrolliert werden kann. Daher äußern sich viele in ihren Feldpostbriefen, darunter auch
Leonhard, erstaunlich offen und unbeeindruckt von den NS-
Zensurbehörden. In einem Brief an seine Schwester Johanna
schildert er ein wenig seinen tristen Soldaten-Alltag:

Feldpost 24.4.1940

Liebe Schetty,

Vielen Dank für deine Zigaretten und lieben Zeilen.
Zigaretten sind immer eine hochwillkommene Zubuße,
namentlich österreichische, und so kann ich mir um
die 1.-RM, die ich hier bekomme, immer was zum „Saufen" kaufen, das einzige Vergnügen. Nein, Heurigen
gibt's da keinen. Du hast ja eine schöne Ahnung
vom Militär! Schon vom „Bettzeug" angefangen! Hier
an der Front gibt es keine Betten und noch weniger
Bettzeug - eine Zeltplane und eine Decke und Stroh
am Fußboden - liegen so ca. 7o Mann in einem Saal,
einer neben dem anderen, davon hast du keine Ahnung, eben Militär - und zwar Krieg - ein bisschen
anders - da werden uns die Wadeln schon nach vorn
gerichtet.

Was die Sorge von Edith um ein Emailreindl anbelangt - weit davon weg, bis ich wieder nach Wien
komme, da wird noch viel Wasser in die Donau runter
fließen - vorläufig esse ich schon seit meiner Ab-
kommandierung nur mit meinem Taschenfeitl und den
öligen Fingern aus dem Menagereindl - kleiner Unterschied - hier gibt's kein Essbesteck oder Handtuch
zu kaufen, daher abtrocknen im Taschentuch - habe
Edith schon deshalb geschrieben, Paket schon unter-
wegs, hoffentlich kommt es bald!

So, und noch Berliner Schnauze: „Arsch mit Ohren",
Panzerpionier, Wagenappell, Bunker und noch so ei-
niges, ja so ist Kriegsmilitär - doch keine Angst
um mich, auch ich bin nicht von gestern und habe
mich im militärischen Sinne stark verändert. Wäh-

rend dieser edlen Zeit, so 2o-3o km von der Grenze
entfernt, ein Katzensprung für uns Motorisierten,
ja da hört die „Scheiße auf zu stinken".
Aber nichtsdestoweniger die Kost ist gut, täglich
gekochtes Schweinefleisch, wer's versteht, holt
sich 2- oder 3-mal, Brom-Malz-Blümchenkaffee mit
Kommissbrot, und noch viele anderen Leckereien –
alles gratis.
Nun sei mir recht herzlich gegrüßt, nochmals vielen
Dank für die Zigaretten, bei Gelegenheit nur wieder,
bin bestimmt nicht beleidigt darüber und lasse mir
die Mama schön grüßen.
Wenn Post für mich kommt, gleich nachsenden, erwarte
Zusage der schiefen Laterne, deine „Schaukeln" muss
man auch weiter auch bis Berlin in die Reichskanz-
lei, nur keinen „Scheniera"!
Nochmals Grüße an dich und ein Bussi für Mama
Dein dankbares Brüderlein
Leo
Der Pekarek hat halt mehr Glück „garnisonsverwen-
dungsunfähig" in der Heimat (G.V.H.)
Hoffe, dass ich halt dafür anders wieder mehr Glück
habe – er ist ja doch nur der „Totenschreck". Und
als Soldat an der Front zu dumm und körperlich nicht
geeignet.

Leonhard ist zwar ein bisschen eifersüchtig auf seine Freunde in Wien, die eine militärische Untauglichkeit nachweisen
können, wie eben der im Brief erwähnte Pekarek, mit dem er
viele gesellige Stunden im Kaffeehaus in Wien verbracht hat.
Dennoch ist der Soldat Wohlschläger ein „Hans im Glück"

und Meister im Durchschwindeln. Rechtzeitig vor Beginn des Frankreichfeldzugs am 10. Mai meldet er sich krank. Er gibt an, Nierenschmerzen zu haben und wird prompt in ein Lazarett nach Münster gebracht:

```
                              Münster, 14.5.1940
Liebe Mama!
Ich bin nun seit 9.5. im Lazarett wegen meiner
Nieren, gehe aber nun in den nächsten Tagen wieder
an die Front. Ob ich wieder zur alten Truppe kom-
me, ist noch unbestimmt. Werde meine Adresse noch
bekanntgeben, obwohl ja jetzt der Postverkehr von
der Heimat an die Front eingestellt worden ist.
Habe deine beiden Briefe mit Inhalt 3+2 RM dankend
erhalten. Sonst kann ich dir nichts schreiben.
Hoffe, dass ihr gesund seid, es grüßt euch herz-
lichst dich und Schetti
Dein dankbarer Sohn
Leo
```

Leonhard hat weiter Glück. Er wird nach seiner Genesung nicht zur kämpfenden Truppe an die Front versetzt, sondern ergattert einen ruhigen Job in einer Schreibstube im Hinterland. Erleichtert schreibt er seiner Mutter:

```
                              Düsseldorf, 23.5.1940
Liebe Mama!
Wie du schon aus meiner letzten Post (Muttertags-
karte) ersehen hast, war ich seit 9.5. im Lazarett
in Münster wegen der Nieren. - Es war so weiter
nichts Beunruhigendes. Nun bin am 20. Mai wieder
```

von dort als geheilt entlassen worden. (Wurde auch auf Plattfüße behandelt und erhielt Einlagen). Von dort wurde ich an das Wehrersatzdepot in Münster überwiesen, wo ich ca. 4-5 Tage warten sollte, bis sie meine Feldtruppe ausfindig gemacht haben, damit ich nachkommen kann. Nach 2 Tagen wurde eine Schreibkraft verlangt, ich meldete mich, und nach kurzer Prüfung in Schreibmaschine etc. sofort hierher nach Düsseldorf versetzt. Ins Generalkommando, Oberquartiermeisterei. Von hier geht's nach ein paar Tagen nach Den Haag und dann nach Brüssel. Wir fahren dies alles mit Autos, da bin ich auch gleich doppelt nützlich. Gehöre nun wohl wieder der Feldtruppe an, aber nicht mehr der kämpfenden!
Allerdings, da ich noch des Öfteren in den nächsten Tagen meinen Aufenthalt ändere, kann ich dir keine Anschrift oder Feldpost-Nr. bekanntgeben.
Sonst geht's mir soweit ganz gut. Hier gibt's wohl Bombenangriffe der Westmächte, aber da geht man in den Luftschutzkeller. Es ist wohl nur bei Nacht, fast täglich, versäumt einige Stunden Schlaf, doch nachher ist alles beim Alten, denn getroffen wird fast nie etwas.
Du brauchst um mich keine Sorge haben, ich schaukle mich schon immer durch. Nur wenn du später meine Adresse wieder hast, dann sende mir ein paar Zigaretten, hier ist alles ausverkauft und mit dem Geld, da hapert's halt auch.
Hoffe, dass du und Schetty gesund seid, dass ihr nicht zuviel entbehren müsst - was zumindest Essen anbelangt.

Nun bin ich nur noch neugierig, was ich für Arbeit
erhalte. Wenn dies in dem Tempo so weitergeht, ist
der Krieg tatsächlich im Herbst aus.
Es grüßt dich und Schetty, auch alle anderen, dein
dankbarer Sohn
Leo
Bitte, in meinem Kasten sind ein paar Versatzzettel
in einer Schachtel oben, setze die mir um - von einem Paket von der N.S.K. habe ich nichts bekommen.
Auch die eventuellen Briefe an meine alte Feldpostnummer erhielt ich nicht nachgesandt.

Zu Hause in Wien wird der Ärger über Leonhards offene
Schulden immer größer. Vor allem der alte Brenner in der
Baumgasse gibt keine Ruhe und will endlich sein „Investment"
zurück. Mittlerweile ist er dahintergekommen, dass der gute
Leonhard nie einen Eilboten-Dienst gegründet, sondern das
Geld glatt verprasst hat. Leonhard ist auch die Ratenzahlun-
gen für den beim Brenner bestellten Gebrauchtwagen schuldig geblieben. Brenner hat zuerst Leonhards Ehefrau Edith
aufgesucht, die ihm aber die Tür vor der Nase zugeknallt hat.
In seinem Zorn über den Wohlschläger-Spross und dessen
Frau ist der alte Brenner zur „lieben Mama" geeilt und hat
ihr von den windigen Geschäften ihres Sohnes berichtet. Die
„liebe Mama" ist daraufhin fuchsteufelswild geworden und
hat ihrem Sohn abermals einen bitterösen Brief geschrieben
(der erhalten geblieben ist), in dem sie sich auch über Leonhards Frau Edith beklagt:

An den lieben, dankbaren Sohn Leo!
Heute erhielt ich nachträglich noch eine große Mut-
tertags-Überraschung, und zwar bestand die Überraschung aus dem Besuch des Herrn Brenner. Was ich
da alles erfahren habe, wirkte auf mich wie ein
Bombeneinschlag. Es verging mir Hören und Sehen.
Bin vor Schreck und Ärger krank. Auch Frau Brenner
hat einen Nerven-Schock und muss wahrscheinlich ins
Krankenhaus geschafft werden. Wegen deiner Gemein-
heit, wie du das Vertrauen von Herrn und Frau Brenner missbraucht hast! Wie konntest du nur so etwas
tun? Um was es sich handelt, will ich ja hier nicht
erwähnen, das weißt du ja selbst am besten. Aber was
Herr Brenner dagegen unternehmen will, kannst du dir
ja denken. Schreiben kann ich es leider nicht, da
ich nicht weiß, ob nicht der Brief geöffnet wird.
Also rate ich dir, schreibe sofort an Herrn Brenner in die Baumgasse. Überlege dir gut, wie du die
Sache zu regeln gedenkst, dringend, sonst ist es
zu spät und deine weitere Existenz wäre vernichtet. Wie konntest du mir so ein Leid antun und ganz
abgesehen davon die Schande. Ja, mein Sohn, noble
Passionen kosten Geld und Autoreisen auch. Und in
Gesellschaft noch mehr. Und ich dagegen steh' beim
Waschtrog und wasche den Dreck, hauptsächlich deinen, putze mir die hohen Fenster trotz meines Leides
selbst, plage mich mit dem Nähen, klage aber nie,
und was ist mein Lohn dafür? Von dir werde ich an-
geschnauzt und von deiner lieben Frau werde ich als
faules Ding bezeichnet. Edith, die mich kaum kennt,

äußert sich sehr beleidigend über mich. Na, danke,
ich habe genug! Vergiss nicht, schreibe sofort an
Herrn Brenner und erkläre ihm, wie und wann du das
alles ordnen wirst, ehe es zu spät ist.
Sehr dringend, deine verärgerte Mutter.

Leonhard ist jetzt heilfroh, nicht in Wien sein zu müssen. Als
eingerückter Soldat braucht er sich vorerst einmal nicht den
Kopf zu zerbrechen, wie er seine Schulden bei den Brenners
und anderen „Geschäftspartnern" begleicht. Und er muss
auch keine Streitereien zwischen seiner Frau Edith und seiner Frau Mama schlichten. Irgendwie beginnt er sogar, die
Zeit im Krieg zu genießen. Leonhard freut sich, dass er weit
genug hinter den Frontlinien ist und er freut sich auch über
die Erfolge seiner Kameraden, die im Mai und Juni 1940 von
Sieg zu Sieg eilen, weil dadurch ja auch ein bisschen Ruhm
auf ihn abfällt.

Nach der erfolgreichen Schlacht von Sedan (13. bis
15. Mai) stoßen deutsche Panzertruppen bis zum Fluss Maas
vor. Am 14. Mai wird Rotterdam bombardiert. 800 Tote sind
die Folge und die Niederlande kapituliert. Der österreichische Jurist Arthur Seyß-Inquart, der im März 1938 drei Tage
Bundeskanzler und dann bis 30. April 1939 Hitlers Statthal-
ter in Österreich war, wird jetzt in den Niederlanden Reichs-
kommissar.

Am 17. Mai wird Brüssel kampflos den Deutschen übergeben, kurz darauf kapituliert die belgische Armee, Anfang Juni
dann Norwegen. König Haakon VII. und die norwegische
Regierung gehen ins britische Exil.

Zuvor, am 14. Juni, besetzen die Deutschen Paris und erobern Verdun. Frankreich ist so gut wie besiegt, die Regie-

rung unterwirft sich am 25.Juni einem Waffenstillstands- und Friedensdiktat Hitlers. Und Leonhard chauffiert im Hinterland die siegreichen Offiziere der Deutschen Wehrmacht hin und her, wie er stolz seiner verärgerten Mama schreibt. Er weiß zu diesem Zeitpunkt noch nichts vom großen Zorn seiner Mutter, er weiß noch nicht, dass sich der alte Brenner über ihn beschwert hat. Mamas bitterbösen Brief bekommt Leonhard erst nach diesem Schreiben zugestellt:

Fahrer an der Westfront

Hotel Plaza, Bruxelles, Sonntag 2.6.1940

Liebe Mama!

Nun schreibe ich dir wieder einmal, damit du nicht in Sorge um mich bist.

Wie du siehst, bin ich in Belgien, gondle so zwischen Belgien und Holland, manchmal auch Deutschland mit dem Auto (Personenauto, Opel Admiral) herum, fahre nur hohe Offiziere, denn ich bin nun als Fahrer mit dem Auto beim Generaloberkommando eingeteilt.

Es geht mir sehr gut, trinke echten Bohnenkaffee und noch vieles andere, das man in Wien sicherlich nicht mehr bekommt.

Leider habe ich viel zu wenig Geld, reicht gerade, ansonsten könnte ich dir alles, was du brauchst, schicken. Allerdings kann ich die Packerln nur von Deutschland aufgeben, da es von hier verboten ist und die Grenze gesperrt.

Wenn du etwas brauchst, musst du mir halt ein paar Mark (5,- genügen) senden, auf Feldpost-Num-

mer 12671. Bin zwar sehr viel auf der Tour, sehe
daher sehr viel von den Kämpfen, kreuz und quer alle
Gegenden, aber die Post erreicht mich trotzdem, da
ich immer wieder zurückkomme. Wann ich allerdings
nach Deutschland komme, weiß ich nicht, sehr ver-
schieden, wegen dem Paket aufgeben.
Ansonsten wohne ich hier im Hotel sehr fein, eines
der besten, denn in den Kasernen sind die Gefangenen.
Hier und in Holland ist alles billig. ZB 1/2 Pfund =
1/4 kg Kaffee (in Holland, das ist der besonders
gute) = 1,5o RM. Damenstrümpfe (sehr feine) 2,5o RM,
prima Seife 1 Stück = 15 Pf. Öl in 1 lt. Blechbüch-
sen 2 fl. = 3 RM. In Belgien = 1 RM und in Frankreich noch billiger, aber ich glaube weniger gut.
Was man sonst sieht, von endlosen Gefangenenko-
lonnen bis zu den armen Flüchtlingen, zersprengte
Brücken, zerschossene Häuser und so fort, kann man
gar nicht beschreiben. Die Stadt Brüssel ist bis
auf sämtliche Brücken, die alle, so wie in Holland,
von den Engländern gesprengt wurden, unversehrt.
Die Engländer und Franzosen haben tatsächlich über
uns Deutsche Gräuelmärchen erzählt, ganz unglaublich, und diese aber selbst ausgeführt.
Wenn ich wieder ins Altreich komme, schicke ich dir
auch ein Päckchen.
Habe schon sehr, sehr lange keine Post erhalten.
Zigaretten brauchst du nicht senden, hier sind sie
1o-mal billiger als bei euch.
Hoffe, dass du und Schetty gesund seid und es euch
gut geht. Viele Grüße und Bussi von deinem Sohne
Leo

Kurz darauf erreicht Leonhard der Zorn der Mutter. Im Hauptquartier in Brüssel bekommt er den bitterbösen Brief in die Hand gedrückt. Er setzt sich sofort hin und antwortet:

Brüssel, 26.6.1940

Liebe Mama!
Habe heute deinen Brief und den beiliegenden Zettel vom 21.5.40 und 7.6.40 erst jetzt erhalten.
Die Feldpost ist auf Grund unseres überraschenden Vormarsches gar nicht imstande, alles zu erledigen und so hat alle Post sehr große Verspätung.
Was den Brenner anbelangt, weiß ich nicht, was er dir alles erzählt hat, doch habe ich von ihm sogar eine notarielle Vollmacht bekommen, dass er mir gutsteht - es ist daher nicht ganz richtig, dass er dich, wie aus dem Brief hervorgeht, so informierte.
Wenn ich zurückkomme, werde ich meine Sachen schon regeln - denn hätte ich schlechte Gedanken dabei gehabt, dann hätte ich mit dem Brenner keine Geschäfte gemacht. Stehe auf alle Fälle für diese Beträge dem Herrn Brenner gut.
Was Edith anbelangt, so kann ich nicht verstehen, wieso sich Edith über dich schlecht geäußert haben soll - bezüglich Unterstützung ist es bestimmt nicht ihre Absicht, dich darum zu blitzen.
Edith hat auch schon meine Wohnung übernommen, Zins bekommt sie von der Magistratsabteilung. Selbstverständlich ist es besser, das habe ich ihr geschrieben, dass ich wegen der Unterstützung bei dir angemeldet bleibe. Lege dir einen Brief (den

letzten!) bei, woraus du ersiehst, dass ich mich mit
Edith bestimmt gut verstehe - sie ist halt „resch",
doch bestimmt nicht schlecht, ich hätte sie sonst
nicht geheiratet.
Du brauchst dir in gar keiner Weise irgendwelche
Sorgen machen.
Wenn ich schmiere, so deshalb, weil ich beim Generalstab schon seit Ende Mai als Fahrer beschäftigt
bin. Fahre hohe und höchste Offiziere kreuz und
quer durchs Kriegsgebiet, Paris, Calais, Le Havre,
Brüssel, Antwerpen usw. und habe nie viel Zeit.
Wohne immer im selben Hotel wie die Offiziere -
geht mir sonst sehr gut - Geld brauchst du keines
schicken, mit Postanweisung bekomme ich es im Aus-
land nicht.
Habe Edith bereits ein Paket mit verschiedenen Sachen geschickt (Kaffee), auch für dich habe ich
eines, doch kann ich es nur im Altreich aufgeben,
muss es erst über die Grenze schmuggeln. Komme erst
wieder Anfang Juli dorthin, so dass du es ca. um
den 15.7. hast.
Du tust Edith bestimmt unrecht, andererseits werde
ich mit ihr auch noch fertig, es ist das Gegenteil,
wenn sie sagt: „sie wurde um deine Unterstützung
gekürzt", habe sie auch im Brief deshalb zurecht-
gewiesen.
Edith weiß alles, was den Brenner betrifft, aber
sie lässt sich deshalb vom Brenner nicht beleidigen.
Wenn ich nicht alles einhalten kann, so ist der
Krieg schuld - aber deshalb wird der Brenner schon
nicht untergehen.

Jedenfalls habe ich keine Betrugsabsicht und ich kann nach Beendigung des Krieges meinen Verpflichtungen voll nachkommen.

Also vertragt euch mit Edith und umgekehrt, nimm sie halt ins Gebet, besser gesagt, du weißt doch am ehesten, wie man mit Vernunft und klaren, guten Worten wieder ein besseres Verhältnis herstellt, ohne irgendwie nachgeben zu müssen – sie möchte halt gerne mit dem Kopf durch die Wand.

Ich jedenfalls vertrage mich gut mit ihr und wenn sie ansonsten resch ist, kann's mir nur recht sein, aber zu dir und Schetty darf sie das nicht.

In der Hoffnung, bald bessere Nachricht von dir zu erhalten

Grüßt dich herzlichst

Dein Leo

Jetzt geht's gegen England, dass E.K. II. habe ich auch schon, aber sagt Edith davon nichts, sonst hat sie Angst um mich, aber es ist jetzt nicht mehr gefährlich.

Im Sommer 1940 beginnt Hitler die „Luftschlacht um England". Der Despot und sein Generalstab hoffen, beflügelt durch die schnellen Siege an der Westfront, mit intensiven Luftangriffen unter dem Oberkommando des selbstgefälligen, starrsinnigen und hitlerhörigen Generalfeldmarschalls Hermann Göring, eine rasche Kapitulation Großbritanniens erzwingen zu können. Erstmals bekommt Leonhard die Luftschläge der Engländer zu spüren, spielt sie aber in seinem Brief – der Zensur Genüge tuend – herunter. Wichtig ist ihm, in der Militärhierarchie aufzusteigen, Karriere zu machen, um seinen Alltag als Soldat leichter und unbeschadet überstehen zu können. Leonhard ist auch sehr bemüht, seine Mutter und seine Frau Edith mit Dingen des täglichen Bedarfs zu versorgen, denn die Versorgungslage in Wien wird von Woche zu Woche schlechter. Grundnahrungsmittel sind nur noch mit Lebensmittelmarken erhältlich, ebenso Luxusgüter wie Alkohol oder Zigaretten. Auch alle anderen Konsumgüter wie Schuhe, Kleidung, Körperpflege- bzw. Reinigungsmittel sowie Heizmaterial können nur mit Bezugsscheinen gekauft werden. Mit Geld allein fangen die Menschen in Wien nichts mehr an. Alles ist rationiert und nur noch mit den entsprechenden Bezugsberechtigungskarten käuflich zu erwerben. Edith und die liebe Mama beginnen zunehmend unter der schlechten Versorgung zu leiden.

Im Jahr 1940 beginnt das Leid der jüdischen Bevölkerung in Wien dramatisch zu wachsen. Seit 6. Februar bekommen Jüdinnen und Juden keine Lebensmittelmarken oder Bezugsscheine mehr. Nach und nach verlieren sie auch ihre Arbeitsplätze. Sie werden fristlos entlassen und nur noch als Hilfsarbeiter eingesetzt. Im Zuge der Nazi-Aktion „Arbeitseinsatz für Juden" müssen viele Zwangsarbeit verrichten. Auch hochqualifizierte Kräfte wie Ärzte, Juristen oder Ingenieure werden zu Hilfsarbeiterdiensten gezwungen. Sie müssen auf Baustellen Schutt schaufeln oder Straßen kehren. Auch Leonhards Ehefrau Edith braucht die Hausmeisterarbeit nicht mehr selbst verrichten, ein junges jüdisches Ehepaar aus dem 2. Bezirk kommt täglich das Haus putzen, den Hof und den Gehsteig kehren.

Für Leonhards Mutter verlieren die Schulden ihres Sohnes immer mehr an Bedeutung, zumindest nimmt sie in ihren Briefen keinen Bezug mehr darauf. Käthe Mahr hat größere

Sorgen. Sie hat zwar immer etwas Geld gespart, das sie aber nicht ausgeben kann. Lebensmittelmarken und Bezugsscheine sind wichtiger als Reichsmark. Und so steckt sie für ihren braven Soldaten Leonhard immer ein paar Mark ins Kuvert, der damit an der Westfront mehr anfangen kann, als sie in Wien. Leonhard bedankt sich mit Packerln des täglichen Bedarfs, die er regelmäßig nach Hause schickt:

O.U., 1o.9.194o

Liebe Mama !
Habe deine lieben Briefe (beide mit 4 RM und den letzten mit 1 RM) dankend erhalten.
Es geht mir so weit ganz gut, nur bekommen wir jetzt keine Selbstverpflegung (Geld), sondern müssen meistens (unter 24 Stunden Fernfahrt) immer Marschverpflegung mitnehmen. Das hat natürlich seine großen Nachteile, aber da können wir nichts machen. Ich muss halt dann meistens kalt essen. Und damit ich es nicht auf der Straße essen muss, kaufe ich mir immer irgendwo dann etwas Warmes dazu. Nachdem ich aber meistens auf Fernfahrten bin, geht halt leider der ganze Wehrsold, 1 RM pro Tag, drauf.
Möchte dir und Schetty gerne noch etwas schicken, wir können wohl jeden Monat 4 Pakete a 1/2 kg nach Hause senden, aber leider langt 1. einmal das Geld nicht dazu, und 2. ist alles nur auf Marken zu haben, da hapert's schon einmal. Außerdem sind leider Belgien und Frankreich schon so ziemlich „ausverkauft". Na, und im Schleichhandel ist's halt auch bedeutend teurer, wie sich überhaupt alles hier schon sehr verteuert hat und die Preise sich denen

des Altreiches schön langsam angleichen. Aber wenn
du irgendwelche Wünsche hast, so schreibe mir und
lege etwas Geld bei, umtauschen kann ich es hier
noch, dann kann ich dir wieder mal was schicken.
Ich fahre so ziemlich durch ganz Frankreich, vom
Golf von Biskaya bis nach Dünkirchen und Ostende.
Bin jede Woche so 3-4 Mal in Ostende und Calais und
sehe und erlebe sehr, sehr viel. Leider kann ich
dir davon nichts berichten. Und wann der Krieg aus
ist? Das wissen nicht einmal die Götter. Jedenfalls
nehmen unsere Fliegerangriffe auf England ganz un-
geahnte und unvorstellbare Formen an, die, wenn
man sie mit den kleinen Angriffen der Tommis ver-
gleicht, allerhand Wirkung haben müssen. Denn auch
der Tommi schlägt zurück. Wir haben fast jede Nacht
„Besuch" und er lässt auch seine Visitenkarte in
Form von Bomben verschiedenen Kalibers fallen, die
aber keinen besonderen Schaden anrichten. Letzthin
sind 5 Meter vor meinem Hotel 2 Bomben gefallen.
Aber daran gewöhnt man sich.
Heute ist mal wieder ein etwas ruhiger Tag, da helfe ich immer im Geschäftszimmer aus. Es wäre mir
eventuell sehr gedient, wenn du das Zeugnis für
das Wehrmeldeamt doch noch finden könntest. Jetzt
besteht die Möglichkeit, zur Militärverwaltung zu
übersiedeln und dabei in den Offiziersstand zu avancieren. (meine Beförderung ist noch immer ausstän-
dig). Mein Major und mein Hauptmann wollen sich für
mich sehr verwenden. Aber das Zeugnis brauche ich.
Da hätte ich es schon leichter, weiter vorwärtszu-
kommen. Bitte sieh nochmal nach, die Edith hat es

sicherlich nicht. Ich glaube, bei den Schulzeugnis-
sen dürfte es dabei sein.
Sonst gibt es nichts Neues, was ich dir schreiben
könnte, und grüß und küss ich dich und Schetty
Dein Leo

Im August und September 1940 fliegt die deutsche Luftwaffe
Angriff um Angriff auf England, muss aber bei so ziemlich jedem dieser Angriffe größere Verluste hinnehmen als die Royal Air Force. Schuld daran ist auch, dass der körperlich wie
geistig unbewegliche Oberkommandant Hermann Göring
einen strategischen und taktischen Fehler nach dem anderen
macht – Militärhistoriker sind sich einig, dass Göring letzt-
endlich der Totengräber der Deutschen Luftwaffe war. Der
Generalstab muss bereits im Oktober 1940 erkennen, dass
ein Sieg über Großbritannien nicht gelingen wird. Daraufhin
versucht Hitler mit dem spanischen Militärdiktator Franco
und dem Deutschland-treuen Vichy-Regime in Frankreich
neue Verbündete im Kampf gegen Großbritannien zu gewin-
nen, scheitert aber auch mit diesem Versuch.
   Leonhard bekommt die schweren Verluste seiner Kameraden und die sich abzeichnende Niederlage im Kampf gegen
die Royal Air Force, die im Frühjahr 1941 endgültig besiegelt
ist, nur am Rande mit. Er liegt wieder einmal im Lazarett:

———————————
O.U. 21.11.1940

Liebe Mama!
Am 25., da hast du Namenstag, dieses Mal vergesse
ich nicht drauf. Edith habe ich vor ca. 3 Wochen ein
Packerl geschickt und sie wird dir auch was davon
mitbringen, wenn sie dir dann gratulieren kommt.

Ich selbst wünsche dir selbstverständlich auch alles Gute.

Meine Nierndeln müssen doch einen Defekt haben. Liege noch immer im Lazarett, jetzt schon die 3. Woche und es werden noch einige Wochen dazukommen.

Hier in diesem Kriegslazarett ist es recht flau. Kriegsgefangene als Betreuer und Pfleger, kannst dir ungefähr vorstellen wie „scheiße" das alles hier ist, in Belgien.

Die Ärzte stellen immer nur viel Eiweiß bei mir im Harn fest und Blutkörperchen, obwohl ich fast keine Schmerzen habe. Hoffentlich kann ich da bald wieder raus, denn diese Spitalsluft macht mich schon langsam fertig.

Brauchst aber keine Sorge um mich haben, wird schon wieder besser.

Den Brief mit den 4 RM habe ich dankend erhalten, das Packerl noch nicht.

Ansonsten gibt es nichts Neues, hoffe, dass ich bald auf Urlaub kommen kann und grüßt dich und Schetty dein Leo

P.S. Meine Feldpostnummer ist jetzt 21294 H2Z8

Leonhard dürfte in einem Feldlazarett rund 30 Kilometer hinter der Front liegen. Üblicherweise konnten solche Feldlazarette der Wehrmacht zwischen 200 und 300 Schwerverletzte aufnehmen und behandeln. Die Ärzte und Chirurgen sind zwar auf Schussverletzungen aller Art spezialisiert, haben fallweise aber mehr Geschlechtskrankheiten zu behandeln:

Liebe Mama!

Ich bin jetzt seit 5. Nov. krank, war schon in 2 La-
zaretten, na, und mit dem Postnachsenden ist's erst
recht bös. Hoffe, wenn du diesen Brief erhältst,
dass ich dann schon wieder aus diesem „Kriegslazarett" raus bin und den Spitalgeruch von meinen
Stiefeln abgeschüttelt habe.

Hier im Lazarett sieht man von den Kranken ca. 5o%
Verletzte, der andere Teil ist hauptsächlich ge-
schlechtskrank. Nebenbei natürlich auch Fliegeropf-
fer usw.

Dass es einen ganz großen Mangel an zuverlässigen
Fahrern gibt, ist selbstverständlich - und so wurde
mir auch schon mitgeteilt, dass ich keine Vorberei-
tungen für meinen Urlaub treffen soll. Nicht einmal
Erholungsurlaub wird es geben, der mir nach 28 Tagen
Krankheit bis zu 6 Wochen zusteht.

Freue mich schon wieder auf meinen Dienst, ist
zehnmal besser als im Lazarett, weil im Dienst kann
ich mir schon mal eine halbe Gans im Restaurant
leisten, ein Glas guten Wein dazu. Denn fressen tue
ich für zehn, überhaupt wenn's nichts kostet. Habe
schon 81 kg ohne Uniform gewogen, jetzt wieder nur
mehr 74 kg.

Werde nach meiner Entlassung wieder von Brüssel,
Ostende, Dünkirchen, Calais, Paris, bis zum Golf
von Biskaya herumfahren. Tausende Kilometer, auch
bei Verdunkelung.

Über die Gauleitung Wien läuft jetzt am Magistrat
Neubau ein Unterstützungserhöhungsantrag, der auch

eine Nachzahlung von einigen 1oo Mark beinhaltet.
Die Erhöhung soll noch vor Weihnachten ausbezahlt
werden, da bekommst du natürlich auch genau die
Hälfte.
Einen Brief mit 5 RM habe ich nicht bekommen, der
letzte mit Geld war zu meinem Geburtstag mit 4 RM.
Bitte, kein Geld im Brief senden, wird viel geklaut.
Auch Pakete, die kommen immer erst nach 2-3 Wochen
an, da ist alles schon hin, sehe dies sehr oft bei
anderen Kameraden.
Also, bis zum nächsten Brief, sei du und Schetty
herzlichst gegrüßt, dein dankbarer Sohn
Leo

Wie schon erwähnt, ist Leonhard ein Glückskind. Trotz seines
langen Lazarett-Aufenthalts und trotz der angespannten militärischen Lage an der Westfront gegen England hat er den
ursprünglich eingereichten Heimat-Urlaub doch noch genehmigt bekommen. Voll Freude schreibt er an seine Mutter:

17.12.194o

Liebe Mama!
Ab heute bin ich nun wieder bei meiner alten Truppe.
Und am 29.12. fahre ich aller Wahrscheinlichkeit
nach doch noch in Urlaub. Da kann ich also Silvester
dann schon wieder in Wien feiern. Wenn du mir nun
wieder schreibst, dann also wieder an meine alte
Feldpostnummer 12671.
Ein Packerl von der Gauleitung Wien habe ich auch
bekommen. Lege dir anbei einen Zettel mit dem Inhalt
desselben bei.

```
Nun muss ich wieder meinen alten Major fahren,
nachdem er in der Zeit, als ich im Lazarett lag,
3 Fahrer davongejagt hat. Hoffentlich kommt mir
nichts mehr dazwischen bis zu meinem Urlaub.
Ich grüß dich und Schetty, bis dahin auf ein frohes
und baldiges Wiedersehen
Dein Leo
P.S. Und verbringt mir die Weihnachten recht gut,
werde schon sehen, dass ich dann zu Silvester was
ordentlich Fettes mitbringen kann.
```

Nur einen Tag nach dem Brief Leonhards an seine Mutter, am 18. Dezember 1940, erlässt Hitler in Berlin die „Weisung 21". Darin wird dem Oberkommando der Wehrmacht befohlen, einen Krieg gegen Russland unter dem Decknamen „Fall Barbarossa" vorzubereiten. Hitler hat einen Krieg gegen die Sowjets schon länger ins Auge gefasst. Schon seit 1925 agitiert er gegen Russland und den Bolschewismus. Die Vernichtung der Sowjetunion samt Vertreibung der Bevölkerung ist stets ein wichtiges außenpolitisches Ziel des größenwahnsinnigen Diktators in Berlin gewesen. Im Zuge der Vorbereitungen auf den Überfall auf die Sowjetunion stellt das Oberkommando der Wehrmacht mehr als drei Millionen deutsche Soldaten für den Ostfeldzug bereit, darunter auch den Soldaten Leonhard Wohlschläger. Fast 65 Prozent der insgesamt rund 5700 deutschen Panzer werden in den Osten kommandiert. Leonhard weiß über die massive Mobilisierung für die künftige Ostfront nicht Bescheid. Er genießt seinen Heimaturlaub in Wien. Ende Jänner 1941 kehrt er zurück an die Westfront und schreibt kurz darauf seiner Mutter:

8.2.1941

Liebe Mama!

Nun mache ich schon längst wieder Dienst hier und muss halt wieder meine Pflicht erfüllen.

So ein Urlaub von hier aus gesehen sieht schon längst wieder wie ein Märchen aus. Und wann ich wieder so auf Urlaub komme, na, da wird wohl noch sehr viel Wasser die Donau hinabfließen.

Wir wissen gar nicht, wie lange wir noch hierbleiben, aber immerhin möglich, dass ein Großteil von uns bald woanders hinkommt ...

Leonhard ahnt nicht, dass er und viele seiner Kameraden schon bald ganz woanders hinkommen werden – und zwar in die Hölle auf Erden! Verschiedene Wehrmachtsabteilungen sind nämlich gerade intensiv mit der Mobilmachung für die Ostfront beschäftigt.

Der brave Soldat Leonhard chauffiert unterdessen ranghohe Offiziere entlang der Westfront hin und her und ärgert sich über die „Bosheiten" der belgischen Zivilbevölkerung, die der deutschen Besatzungsmacht das Leben schwer zu machen versucht. Aber Leonhard geht es dennoch recht gut. Er erzählt von seinen Schachereien im Schleichhandel und seinem (noch) „komfortablen" Soldatenleben in Belgien:

O.U. 8.3.1941

Liebe Mama,

Deine beiden Briefe habe ich dankend erhalten, ebenso dein Packerl mit Schnaps, Zigaretten, Obst und das Packerl mit den Zigaretten von Schetti. Du brauchst mir keine Packerln mehr schicken, das habe

ich hier alles viel billiger. Z.B. Zigaretten pro
2o St. = 2o Pfg., Obst, sehr schönes, bekommen wir
fast täglich, entweder 1 Apfel, oder Orange, Manda-
rinen, etc., außerdem kostet es hier nicht so viel
wie bei euch. Na, und Schnaps, das kann ich nur vor
dem Schlafengehen mal trinken, und da nicht ratsam,
weil wir öfters auch des Nachts herausgeholt werden.
Anfang dieser Woche habe ich dir wieder 2 Packerln
geschickt, eines mit Persil und Seife, und eines
mit 2 Kartons Stopfwolle und Zwirn.
Jetzt geht's wieder los. Kann sein, dass die jüngeren
Jahrgänge, darunter auch ich, versetzt werden, an die
Front, auch als Kraftfahrer. Wohin ist unbestimmt.
Jedenfalls muss ein Teil von uns auf alle Fälle fort.
War auch schon als Fahrer der Sanität im Einsatz, als
Ersatz für einen Erkrankten. Habe da täglich zwei bis
drei Freimädels verhaftet, die Soldaten angesteckt
haben, das war mitunter eine tolle Sache. Bin aber
froh, dass ich da wieder weg bin, täglich nichts als
Spitalgeruch und Blut. - Nichts für mich.
Wir haben hier sehr viel Regenwetter. Kommen vor
lauter Putzen und Waschen der Autos in der Freizeit
gar nicht mehr raus. Aber trotz allem, manchmal
schmeißen wir uns schon um und sind dann „blau" wie
ein gekochter Hecht. - Lauter echten franz. Champagner - werde dir bei Gelegenheit etwas davon zukommen
lassen, ein Kisterl, auch den guten süßen Weißwein.
Eine Flasche im Geschäft kostet bloß 2-3 RM. Wein
oder Sekt, im Lokal oder in der Bar 8-15 RM. Und
weil wir doch nicht im Hotelzimmer so ein Gelage
veranstalten können, so nehmen wir die „Sauferei-

en" im Stiefelschaft, sowie die Handgranaten, mit ins Lokal. Die Kellner sind zwar bitterböse, geben uns keine Gläser, aber man wird eben etwas roh bei diesem Beruf, kaltherzig, egoistisch und man ist mit ein paar Fausthieben gleich bei der Hand. Na, und die Belgier sind uns gerade auch nicht freundschaftlich gestimmt, ein stures Volk. Könnte jeden Tag so 2o Personen, ohne mein Verschulden, niederfahren. Überall so kleine Bosheiten gegen uns, egal, wo man hinsieht. Müssen uns aber trotz allem sehr diszipliniert benehmen, obwohl es schon manchmal schwerfällt. Mir scheint, die haben ihre Niederlage noch gar nicht begriffen.

Öl für dich zu besorgen, ist eine sehr schwere Aufgabe, es gibt kaum noch wo eines und wenn, dann im Schleichhandel um 1o RM den Liter. Auf den Märkten kriegst du nichts. Bis ich wieder nach Holland eine Fahrt bekomme, vielleicht dann, natürlich auch im Hamsterwege, werde mich bemühen und es bestimmt nicht vergessen.

Edith hat mir jetzt auch Geld geschickt, um für sie Stoff und Schuhe zu kaufen - wenn du oder Schetti auch so etwas braucht, dann alles genau angeben, bei Schuhen eine Papierabzeichnung vom Fuß, weil die Größen hier anders sind.

Also, nichts mehr schicken, bitte. Außer bei Bedarf Geld bis zu 5o RM im Monat per Postanweisung. Zigaretten kannst schon noch weiterhamstern, für meinen nächsten Urlaub, vielleicht komme ich nochmals zu Ostern. Bin schon eingeteilt, aber ob's geht, ist eine andere Frage.

Also, bis zum nächsten Brief recht viele Grüße an
dich und Schetti
Dein Leo

Am 27. März 1941 erteilt Adolf Hitler die Weisung 25. Darin befiehlt der Despot den Balkanfeldzug, also den Angriff
auf das Königreich Jugoslawien und auf Griechenland. Am
6. April greift die Wehrmacht an und besetzt beide Län-
der innerhalb von nur wenigen Wochen. Die Invasion der
Wehrmacht wird von italienischen und ungarischen Truppen
unterstützt. Nur elf Tage nach dem Angriff der Deutschen
kapituliert Jugoslawien, eine Woche später Griechenland.
Auf den schnellen Sieg im Balkanfeldzug nimmt Leonhard
im nächsten Brief an seine Mutter Bezug und folgert (möglicherweise nur für die Zensur) daraus, dass früher oder später
auch Großbritannien kapitulieren wird:

9.4.1941

Liebe Mama,
Habe deine letzten Briefe dankend erhalten, auch
die beigelegten 5 RM.
Es tut sich jetzt so allerhand, wir denken außer an
Jugoslawien und Griechenland auch noch an die Insel
England, so wie es bis jetzt steht, werde ich auch
noch mal in London, genauso wie in Brüssel und Paris
Auto fahren. Und dies alles sicher noch vor meinem
nächsten Urlaub, denn an den ist jetzt überhaupt
nicht mehr zu denken.
Jedenfalls geht's mir ausgezeichnet, sehe sehr viel
und höre noch mehr, bald kann ich auch noch Franzö-
sisch, esse täglich viel Butter, Eier, Milch, alles

bei den Bauern, manchmal auch so „comsi-comsa",
sagen wir dazu mit einer gewissen Handbewegung.
Hier gibt's genug Wein, Sekt, echten guten franz.
Cognac, kann aber nichts senden derzeit, alles über
1 kg schwer. Komme leider jetzt nicht nach Deutschland, wird aber schon noch einmal eine Sendung bei
Dir eintreffen...
Ansonsten heißt es bei mir nur fahren und wieder fahren, ab und zu mal anständig ansaufen und so weiter.
In der Hoffnung, dass Du und Schetty bald wieder
gesund seid, und wir uns bald einmal wiedersehen,
grüßt und küsst Dich dein dankbarer
Leo
P.S. Zum Schreiben gäbe es gar viel, aber es geht
nicht und die Zeit fehlt auch oft. Und noch recht
frohe Ostern, bald hätte ich es vergessen, aber beim
Kommiss ist alles möglich.

Während Leonhard französischen Champagner und Cognac
genießt, wird die Versorgungslage zu Hause in Wien immer
schlechter. Mittlerweile sind Lebensmittelmarken und Bezugsscheine nutzlos, weil kaum noch ausreichend Lebensmittel und Konsumgüter verfügbar sind. Besonders dramatisch ist die Versorgung der Bevölkerung mit Medikamenten.
Leonhards Mutter leidet unter Herzrhythmusstörungen und
ihre Tochter Johanna macht die Mangelernährung zu schaffen, immer wieder liegt sie mit einer fiebrigen Erkältung
krank im Bett. Doch niemand wagt zu klagen. Und kaum jemand spricht noch von einem raschen Sieg.
 Für ein großes Gesprächsthema im Frühjahr 1941 sorgt
Hitlers Stellvertreter in der NSDAP-Führung, Rudolf Heß.

Er fliegt am 10. Mai mit einer Maschine vom Typ Messerschmitt Bf110 nach Schottland. Seine Absicht: mit dem Duke of Hamilton über einen Frieden mit Großbritannien zu verhandeln. Den adeligen Schotten hat Heß während der Olympischen Spiele 1936 in Berlin kennengelernt. Er hält den Duke für einen erbitterten Gegner des britischen Premierministers Winston Churchill und für einen glühenden Anhänger einer Friedensbewegung, die Churchill zu einem Waffenstillstand mit Deutschland drängen will. Rudolf Heß springt mit dem Fallschirm über Schottland ab und gerät prompt in britische Kriegsgefangenschaft, noch bevor er Kontakt mit dem Duke aufnehmen kann. Bis heute ist ungeklärt, ob Heß auf Befehl Hitlers geflogen ist oder auf eigene Faust. Historiker tendieren eher zur Ansicht, dass Rudolf Heß seine „Friedensmission" ohne Wissen des Führerhauptquartiers angetreten hat.

Während des Krieges sitzt Heß in britischer Gefangenschaft. Nach dem Krieg wird er nach Deutschland ausgeliefert, wo er sich vor dem internationalen Militärgerichtshof in Nürnberg zu verantworten hat. Heß wurde zu einer lebenslangen Haftstrafe verurteilt. 1987 nahm sich der einst mächtige NS-Mann im Kriegsverbrechergefängnis Spandau das Leben.

Auch Leonhard verfolgt im Mai 1941 die Ereignisse rund um Heß:

```
                    Hotel Plaza, Bruxelles, 13.5.1941
Liebe Mama,
Heute schreibe ich dir auch mal wieder. Ist schon
höchste Zeit, aber weißt ja, wie das bei mir so ist,
nichts als fahren kreuz und quer durchs ganze Land.
Und in der Freizeit dann noch Wagen pflegen, hat man
dann endlich Zeit, dann geht man bummeln.
```

Am 18. d.M. ist Muttertag, dass ich Dir zum Muttertag selbstverständlich alles Gute wünsche, versteht
sich von selbst. Gebe dir morgen ein kleines Packerl
mit Schokoladenbonbons auf, lass dir's recht gut
schmecken. Gib auch Schetti was zum Kosten. Alles
ist schon sehr schwer hier zu bekommen, die Leute
stehen vor jedem Bonbongeschäft, das überhaupt noch
Schokolade hat, in Schlangen bis zu ca. 300 Personen an! Und da können wir Soldaten uns nicht dazu
mitanstellen im Feindesland.
Aber nun zu Dir: wie geht's Euch beiden, ich meine
Dir und Schetti? Und was gibt's Neues in Wien? Was
sagst Du zu Heß?
Nun noch viele Grüße an Dich und Schetti von deinem
dankbaren Sohne.
Leo

Die Luftschlacht um England ist im Sommer 1941 so gut wie
verloren. Die Verluste sind enorm. Rund 2000 Angehörige
der deutschen Luftwaffe sind gefallen, 2600 vermisst oder
in Gefangenschaft. Die Royal Air Force hat bis Ende Oktober 1941 rund 2200 deutsche Kampfflugzeuge abgeschossen.
Und dennoch lässt die NS-Propaganda immer noch verbrei-
ten, dass Großbritannien kurz vor der Kapitulation stehe, wie
unter anderem auch dem folgenden Brief von Leonhard zu
entnehmen ist:

E.O. 2.6.1941

Liebe Mama!
Jetzt habe ich schon den 3. neuen Wagen im letzten halben Jahr, momentan einen wundervollen USA-

Packard, 1oo PS stark. Kannst dir schon daraus ein
Bild machen, dass wir fahren, fahren und wieder fahren. Ein Auto ist vom Luftdruck eines Ferngeschützes
außer Gefecht gesetzt worden - Karambolagen habe
ich Gott sei Dank noch nicht gehabt.
Gestern wurde ich zum Gefreiten befördert - war aber
auch schon Zeit und stand mir auch schon lange zu.
Hoffentlich hast du schon mein Packerl bekommen,
mit den Bonbons und 1 Paar Strümpfen. Werde dir
bald deinen Wunsch erfüllen und dir noch Strümpfe
schicken.
Pakete können wir mit der Feldpost aufgeben, so viel
wir wollen, bloß aber höchstens 1 kg schwer, aber
nachdem ich ja Kraftfahrer bin und jeden Monat auch
mindestens einmal nach Deutschland komme, kann ich
auch 2o kg Pakete aufgeben, fehlt bloß am nötigen
Kleingeld dazu.
Edith habe ich schon einige Pakete geschickt. Sie
ist jetzt schon ganz international angezogen. Stoffe aus Paris, Schuhe aus Brüssel, Seide und Strümpfe
aus Den Haag, Unterwäsche aus Lille, und sie trinkt
Eiercognac aus Amsterdam!
Morgen fahre ich wieder nach Lille mit geheimer
Kurierpost, habe da immer einen 2. Kameraden mit.
Wie fahren da wie nach dem Fahrplan mit Schnell-
zugsgeschwindigkeit alle hohen Kommandostellen ab.
Wir haben Sonderausweis und sind bis an die Zähne
bewaffnet. So gondle ich den ganzen Tag herum und
bringe dabei meine 5oo-6oo Kilometer zusammen. Das
ist ungefähr die Strecke von Wien nach Venedig. Und
dabei muss alles klappen bis auf die Minute. Unse-

re Post dauert jetzt auch länger, jedenfalls aber die aus Wien, weil da auch wieder Umleitungen und Zugeinschränkungen sind.

Edith hat mir auch geschrieben, dass sie mit ihren Eltern jetzt im Mai ca.14 Tage im Waldviertel war, sonst hätte sie dich sicher zum Muttertag eingeladen. Aber auf alle Fälle schreibt sie mir sehr oft und nett und ich bin auch sehr zufrieden mit meiner Wahl. Leider kommen wir zwei, außer den kurzen Urlauben, nur alle heiligen Zeiten zusammen. Das sind eben alles Kriegsfolgen.

Ansonsten geht's mir ganz gut, bloß an Gewichtszunahme ist nicht zu denken, eher weniger. Das Essen ist zwar reichlich, bloß fast kein Fett, hält nicht lange an. Man muss immer ein bisschen zubessern. Und 1 kg Butter kostet hier im Schleichhandel 15o Fr = 12 RM, 1 kg Kaffee – kein besonders guter – 24 RM. Kannst daraus ersehen, wie der Schleichhandel blüht, und das ärmere Volk hat nicht viel zu essen. Alles ist wahnsinnig teuer, ich esse bloß noch im Soldatenheim, sonst ist der Sold gleich beim Teufel und Päckchen schicken unmöglich.

Gestern sind wir nach langer Zeit abends wieder mit einigen Kameraden „umgefallen" in so einer mittelmäßigen „Bar". Eine Flasche Sekt 16 RM und dabei war das nur Wein mit Sodawasser, in eine leere Sektflasche gefüllt, kunstgerecht verstoppelt und Silberpapier darüber. Da siehst du, wie man hier beschwindelt wird, auf allen Seiten und Arten. Waren vier Mann und haben natürlich gleich die ganze Bar gründlich auf den Kopf gestellt. Der Ober wird mit

dem Besitzer noch längere Zeit an uns mit „Freuden"
denken. Gezahlt haben wir nichts, aber Geld haben
wir auch keines mehr, weil wir das dann anderwei-
tig versoffen haben. Und so helfe ich mir immer
bei den verschiedenen Fernfahrten, in dem ich auch
ein bisschen schachere, dort wird Cognac gekauft,
da wieder Kondensmilch oder Käse usw. und woanders
wieder verkauft, bleibt immer was dabei hängen,
sonst bist du hier ja ein Grashalm in der Wüste.
Apropos „Wüste": kann sein, dass wir in nächster
Zeit auch geteilt werden. Unser Stab ist hier schon
sehr angewachsen, wir werden immer mehr, und dass
dann ein Teil wahrscheinlich nach London kommt.
Man sagt, die Hermann-Göring-Kaserne wird dort im
August fertig – für uns!
Aber jetzt wirklich Schluss, es grüßt dich und
Schetti bis zum nächsten Mal herzlichst
dein dankbarer Sohn Leo

Am 22. Juni 1941 beginnt eine entscheidende Phase des
Zweiten Weltkrieges, die Leonhard vermutlich nur am Rande
mitbekommt. Die deutsche Wehrmacht überfällt die Sowjetunion. Der Krieg an der sogenannten Ostfront, dem viele
Millionen Menschen zum Opfer fallen, wird bis zur bedin-
gungslosen Kapitulation Hitler-Deutschlands, die der Oberkommandierende der deutschen Wehrmacht, Wilhelm Keitel
am 2. Mai 1945 nach der Schlacht um Berlin unterzeichnet,
fast vier Jahre dauern.

Leonhard kümmert die neue Ostfront wenig, auch die
Niederlage seiner Kameraden in der Luftschlacht um England steht überraschenderweise nicht im Mittelpunkt seines

Interesses. Er freut sich auf seinen nächsten Heimaturlaub in Wien, den er schon genehmigt bekommen hat. Er trachtet also, möglichst viele Lebensmittel und Konsumgüter zu seiner Frau Edith und seiner Mutter nach Wien zu schicken und auch selbst mitbringen zu können:

12.8.1941

Liebe Mama!

Deinen Brief mit den 5 RM und ebenso den anderen mit der Papiersohle habe ich dankend erhalten. Habe Schuhe und Strümpfe für dich schon besorgt, hoffentlich passen sie auch. Hoffe, dass ich Ende diesen, oder nächsten Monat auf Urlaub komme und dir dann alles persönlich mitbringen kann. Die Feldpost ist mir schon zu unsicher geworden.

Mit geht's soweit ganz gut, habe bloß viel zu fahren. Ab und zu besucht uns der Tommy, aber ganz ungefährlich. Sonst gibt es hier nichts Neues.

Jetzt bin ich schon viel am „Einkaufen" für meinen Urlaub. Edith hat mir Geld geschickt und da heißt es halt für meine Frau so allerhand zu besorgen, damit sie auch eine Freude hat.

Freue mich schon auf meinen Urlaub, endlich wieder einmal 14 Tage nichts zu sehen und hören vom Kommiss, kann es schon gar nicht mehr erwarten.

Nun noch viele Grüße an dich und Jetty

Dein dankbarer Sohn Leo

In den letzten Augusttagen des Jahres 1941 fährt Leonhard endlich wieder auf Urlaub nach Wien. Er kehrt Ende September zu seiner Truppe nach Belgien zurück. Nach wie vor konzentriert er sich darauf, allerlei Dinge des täglichen Bedarfs für seine Familie in Wien zu besorgen, wo der Mangel immer größer wird. Zu erfahren ist auch, dass die liebe Mama operiert werden musste. Käthe Mahrs Herzprobleme sind immer größer geworden, weil es kaum wirkungsvolle Medikamente mehr gibt:

Hotel Plaza, Bruxelles, 29.9.1941

Liebe Mama!

Nun bin ich schon wieder längst in Brüssel gut angekommen und versehe hier wie üblich meinen Dienst. Dass ich auf Urlaub war, kommt mir vor wie im Märchen, alles ist so rasch verflogen, jeder einzelne Tag, so dass ich denke, es wäre überhaupt bloß 1 Tag gewesen.

Die Schuhe für Schetty kann ich erst ab nächster Woche besorgen, da die Besitzerin 2-3 Wochen in den Urlaub gegangen ist. Bezüglich Leinen, dort war ich bis jetzt noch nicht, weil das wieder eine ganz andere Richtung ist, die Geschäfte liegen nicht so beisammen. Fahre aber sehr bald hin und werde zumindest so 1o-15 Meter gleich beangaben - Geld brauchst aber vorläufig noch keines zu schicken, denn vorläufig habe ich noch Jetty ihres und von Edith auch noch eine Menge. Und nun fällt mir ein, dass du ja am 2. oder 3. Oktober Geburtstag hast, wünsche dir da jetzt gleich alles, alles Gute, insbesondere, dass du bis dorthin infolge deiner Operation schon längst wieder ganz hergestellt bist, dass es halt nicht zu viel weh getan hat und es zu deiner dauernden Erleichterung und Hilfe geworden ist.

In der Hoffnung, dass ich so um Neujahr herum wieder
nach Wien kommen und wieder einmal so einen kleinen
Lastwagen voll mitbringen kann. Natürlich werde ich
die Schuhe zumindest schon weit vorher schicken,
grüßt dich und Schetty
Dein dankbarer Sohn,
Leo

Gegen Ende des Jahres 1941 munkeln viele deutsche Soldaten bereits, dass eine massenhafte Verlegung nach Russland
im Gange sei. Auch Leonhard hört davon. Er fühlt sich aber
sicher, weil er meint, an der Westfront unabkömmlich zu sein.
Seinen Soldaten-Alltag in Belgien hat er schon ganz gut im
Griff:

11.11.1941

Liebe Mama!
Ich muss hier fest fahren, sehr oft heikle Oberkom-
mandierungen, so auf 2 bis 8 Tage, je nachdem. Fahre
manchmal in nur einem Tag von Brüssel nach Frankreich, dann wieder zurück nach Belgien, Holland und
Deutschland - also, in 1-Tag mach ich 4-Länder, das
reicht mir dann auch - wohl drücke ich mich auch
manchmal, so gut es halt geht.
Bin auch ständig irgendwo am „Organisieren". Abends
geht man auch nicht vor Zapfenstreich nach Hause,
bisschen nebenbei einen „Taschensold" verdienen,
mit einem Worte: man muss ständig auf „Draht" sein,
sonst bist der „Beschissene".
Nun hatte ich gestern mal so eine Fahrt nach Köln
mit einem mit roten Streifen an der Hose, und so

ist der eine große Koffer mit sonstigem Kleinkram
an Ediths Adresse abgegangen. Habe ihr vorher auch
geschrieben, dass sie die Schuhe und das Leinen
baldigst nach Einlangen zu dir bringt.
Es kann sein, dass wir neuerdings doch noch alle,
oder zumindest ein Teil, nach Russland kommen. Man
munkelt so, genaues weiß ich aber nicht.
In der Hoffnung, dass es euch beiden gut geht und
dass ihr gesund bleibt, danke ich nochmals für die
liebe Namenstagsgratulation, auf deinen Namenstag,
glaube ich, habe ich leider wieder vergessen. Edith
bestimmt auch, denn ich hab's versäumt, ihr das zu
schreiben. Sie wird's bei Gelegenheit mal nachho-
len,
es grüßt und küsst euch
Dein dankbarer Sohn
Leo
Wenn du mir wieder schreibst, dann als Anschrift
bloß „Gefreiter", denn das ist ja etwas mehr als
„Oberkraftfahrer".

Der Versorgungsengpass in Wien macht habgierig. Das
Verhältnis zwischen Leonhards Mutter und ihrer Tochter
„Schetty" auf der einen Seite sowie Leonhards Ehefrau Edith
auf der anderen, ist an einem neuen Tiefpunkt angelangt. Ge-
stritten wird um die Konsumgüter, die Leonhard nach Wien
schickt. Durch Zufall hat „Schetty" erfahren, dass ihr Bruder
Leonhard seiner Frau Edith ein Paket mit Strümpfen, Socken
und Oberbekleidung hat zustellen lassen – mit der ausdrück-
lichen Bitte, auch ihr und seiner Mutter etwas davon abzuge-
ben. Edith hat die Bitte glatt ignoriert. Noch bevor Leonhard

seinen Urlaub im neuen Jahr 1942 in Wien antreten kann,
bekommt er einen Brief von seiner Schwester. „Schetty" bestellt bei ihm jede Menge Stoffe und Schuhe und beschwert
sich über den Neid seiner Frau Edith. Leonhard nerven die
Streitereien der Frauen. Er ärgert sich auch, weil er doch so
bemüht ist, alle zufriedenzustellen:

Hotel Plaza, Bruxelles, 6.12.1941

Liebe Jetty!

Ich habe deinen lieben Brief schon vor einigen Tagen dankend erhalten und mit viel Freude gelesen,
gleich ein paar Mal und dann deine Wünsche heraus-
geschrieben. Nun war ich seitdem schon wieder 3x
in Frankreich, in Belgien kriegt man fast nichts
mehr und wenn, dann ungeheuer teuer, und daher habe
ich mich in Frankreich umgesehen, da ich mal Zeit
hatte. Bin mit meinem großen Wagen auf eigene Faust
„Spähtrupp" gefahren. Natürlich viele Kilometer in
entlegenen Dörfern gefahren, und war irgendwie tief
im Herzen Frankreichs drinnen.
Nun komme ich anfangs nächster Woche wieder nach
Deutschland, werde noch diverses Weißzeug besorgen.
Geschirrtücher und Handtücher etc., Montag, den
8.12. verpacken und Dienstag in Deutschland aufgeben, so dass du alles noch vor Weihnachten erhältst,
eventuell sind dann auch noch 2 Paar Stiefeln dabei, 1 für dich. Ich hoffe, dir und Mama damit auch
eine kleine Freude gemacht zu haben. Schreibe mir
bitte sofort nach Erhalt des „Packerls", was alles
drinnen war und was du und Mama behältst, damit ich
eventuell dann fehlendes noch besorgen kann.

Vorsichtshalber schreibe ich diesmal Edith nichts von dem Packerl, genauso, wie ich bei den vorherigen Packerln euch nichts davon geschrieben habe. Und jetzt bin ich neugierig, was jetzt im umgekehrten Sinne für Edith übrigbleibt. Es ist halt schwer, wenn man einmal was nach langer Zeit kriegt, das dann auch noch zu teilen, überhaupt wenn's einem selber so gut passt und gefällt. Da kann ich eine Frau wie Edith, noch dazu jetzt in den Kriegsjahren, schon verstehen. Ich glaube, da sind alle Frauen gleich.

Ich glaube aber, wenn du verheiratet wärst, würde dir auch das Herz schwer werden und die Versuchung käme dann schon von selber. Dass Edith mit der Zeit etwas selbstständig und herrisch wird, wo doch der Mann im Hause fehlt, ist leicht verständlich, aber es ist besser so, als unselbstständig im Leben zu stehen.

Bis halt der Krieg aus ist, werde ich mir meine Frau schon zurechtbiegen, falls es notwendig sein sollt. Konnte mich aber bis heute nicht beschweren, denn jeder Urlaub ist für uns beide „Flitterwochen" und das sagt alles.

Was in Russland los ist, kann ich mir schon lebhaft vorstellen, zumal ich hier noch viel mehr höre aus erstem Mund, und trotzdem, auf die Krim möchte ich ganz gerne, denn Paris, Brüssel, Den Haag und wie die Städte alle heißen, kenne ich schon auswendig, bald so gut wie Wien. Möchte schon wieder was anderes sehen und erleben. Aber von hier komme ich ja nicht weg, zumindest nicht so schnell. Die ha-

ben nicht so viel Ersatz für mich. Die meisten der Fahrer hier sind nichts wert, weder im Fahren, noch haben sie Ortskenntnisse. Das sind alles so Holzfällergestalten mit langen Pfeifen. Ich habe mich dagegen zum militärischen Fahrlehrer und Kraftfahrzeugsachbearbeiter entwickelt und warte nun, über O.K.H. [Anm.: O.K.H. = Oberkommando des Heeres] Berlin mit Hilfe eines dortigen Generalstabsoffiziers was Besseres zu werden. Muss natürlich immer noch dazulernen, sowie bis jetzt, denn ohne Prüfungen gibt's kein Vorwärtskommen, und so muss ich halt mit 30 Jahren wieder zum Lernen anfangen. Dafür, wenn ich versetzt werde, dann wahrscheinlich irgendwo ins Reich, statt in den Osten. Kann aber ebenso gut sein, dass ich hier das Kriegsende erlebe.
So, nun aber Schluss, auf baldiges Wiedersehen und viele Grüße und Bussi für Mama,
dein Brüderlein Leo

Während Leonhard am Abend des 6. Dezember 1941 in seinem Zimmer im Hotel Plaza in Brüssel die letzten Zeilen des Briefes an seine Schwester vollendet, verringert die japanische Pazifikflotte namens „Kidó-Butai" (auf Deutsch: mobile Truppe) ihre Geschwindigkeit auf 25 Knoten (etwa 45 km/h). Diese gigantische Flotte Japans, die aus sieben Flugzeugträgern, 16 Zerstörern, drei Kreuzern, zwei Schlachtschiffen und fast 500 Kampfflugzeugen besteht, erreicht langsam ihr Ziel. Sie befindet sich um 21 Uhr etwas mehr als 900 Kilometer nördlich von Hawaii. Die Flotte hat eine fast zweiwöchige, nervenaufreibende und gefährliche Fahrt durch schweres Gewässer hinter sich. Zehn Seeleute sind in den Stürmen von

Bord gespült worden. Aber die Flotte ist unentdeckt geblieben. In der Nacht vom 6. auf den 7. Dezember, als Leonhard bereits tief schläft, schiebt sie sich langsam bis auf 400 Kilometer an die Hawaii-Insel O'ahu heran, wo die amerikanische Pazifikflotte in Pearl Harbor seelenruhig vor Anker liegt.

In Wien werden die Jüdinnen und Juden im Straßenbild plötzlich sichtbar. Seit 1. September müssen sie einen gelben Stern auf ihrer Oberbekleidung „fest aufgenäht" und „jederzeit sichtbar" tragen. So ist es in der entsprechenden Polizeiverordnung festgelegt. Produziert werden die Sterne von Juden in Heimarbeit. Verkauft um 8 Pfennig pro Stück. Am Eingang vieler Kaffeehäuser steht „Juden unerwünscht", vor den Kinos oder Theatersälen befinden sich Tafeln mit der Aufschrift: „Juden Eintritt verboten". Viele gehen weiterhin ohne Stern auf die Straße, illegal ins Kino oder Kaffeehaus. Sie riskieren damit ihr Leben. Ausweiskontrollen sind in dieser Zeit gang und gäbe und so gut wie überall möglich. Wer erwischt wird, wird der Gestapo übergeben. Nach tagelangen Misshandlungen in Gewahrsam werden die Jüdinnen und Juden, die gegen die Polizeiverordnung verstoßen haben, meist ins Ghetto Theresienstadt deportiert. Leonhards Mutter und seine Schwester ignorieren die Diskriminierung der jüdischen Bevölkerung, so wie viele andere Wienerinnen und Wiener auch. Man nimmt sie quasi als „gottgegeben" zur Kenntnis.

Am Morgen des 7. Dezember um 6 Uhr 10 Ortszeit erschallt von den Seeleuten der japanischen Flugzeugträger wie aus einem Mund der Schlachtruf: „Banzai!" (frei übersetzt: Glück für 10.000 Jahre), worauf sich nach und nach 183 Kampfflugzeuge, darunter dutzende Torpedobomber, in die Luft erheben. Der Lärm der Motoren ist ohrenbetäubend. Über den Flugzeugträgern drehen die Bomber noch einige Runden, um sich zu formieren und dann in strategischer Formation ihren knapp 45 Minuten langen Anflug auf Pearl Harbor zu beginnen. Um 7 Uhr 55 fallen die ersten Bomben auf die amerikanische Pazifikflotte. Binnen kürzester Zeit steht der halbe Hafen in Flammen. Die US-Navy ist so überrascht, dass sie kaum Gegenwehr zu leisten im Stande ist. 2500 amerikanische Soldaten kommen ums Leben, zwölf Schiffe werden versenkt, neun beschädigt und 164 Flugzeuge werden zerstört – das ist die verheerende Bilanz nach dem Überfall der Japaner.

Mit der fast vollständigen Vernichtung der amerikanischen Pazifikflotte kann sich Japan bis zum Kriegsende eine militärische Überlegenheit in Asien sichern. Tags darauf, am 8. Dezember 1941, erklären die USA Japan den Krieg, worauf fast ganz Asien zum Kriegsschauplatz wird. Nur vier Tage später erklärt Hitler den USA den Krieg und zieht damit die Amerikaner in den europäischen Teil des Zweiten Weltkrieges. Und Leonhard? Der bekommt die Nachricht, dass er versetzt wird. Sein komfortables Soldatenleben an der Westfront neigt sich langsam dem Ende zu:

———————

1o.2.1942

Liebe Mama!

Nun bin ich bald wieder ein ganzes Monat hier und habe dir noch gar nicht geschrieben – aber was soll man denn alles schreiben, immer dasselbe, nichts Neues im Westen, außer eine Menge Bestimmungen und Verordnungen, wonach man bald nicht einmal mehr eine Flasche Cognac kaufen darf. Ich selbst habe vorläufig überhaupt noch nichts gekauft, man kann so gut wie kein Geld ausgeben.

Mit eingekauften Sachen nach Deutschland fahren, das hört sich auch langsam auf. Es wird nun schon alles streng untersucht und kontrolliert. Alles wegen des Schleichhandels.

Leonhard hat sich im Laufe seines Soldatenlebens zu einem Meister im Schleichhandel entwickelt. Er schachert mit so ziemlich allem, was bei Soldaten heiß begehrt ist: Alkohol, Zigaretten, Schokolade und allerlei Delikatessen. Als Fahrer an der Westfront bekommt er auch genügend Gelegenheit, an die Waren heranzukommen und sie im Dienstfahrzeug unentdeckt hin und her zu transportieren. Leonhard nutzt so ziemlich jede Möglichkeit des Schleichhandels, denn er weiß, dass seine Zeit an der Westfront langsam zu Ende geht, wie er weiter schreibt:

Aber es gibt doch etwas Neues: Ich werde Anfang März nach Dresden versetzt und von dort geht's dann irgendwo anders hin, wahrscheinlich weiter in den Osten. Kann auch sein, dass ich anderswo hinkomme, aber keine Ahnung. Irgendwo, vielleicht lande ich noch im Orient. Dann kaufe ich eben statt Schuhen wieder Kaffee oder Teppiche. Jedenfalls, wird ja auch bald Zeit, von hier wegzukommen, jetzt kenne ich schon den ganzen Westen auswendig, und hier gibt's ja auch nichts mehr zu holen.

Leonhard tröstet sich über seine bevorstehende Verlegung hinweg, indem er sich in den Sack lügt: Er kenne den Westen schon auswendig und es gebe ohnehin nichts mehr zu holen, meint er und schreibt mit Zuversicht folgende Zeilen:

Bin schon gespannt auf alles und freue mich schon
auf die Veränderung, denn ich komme ja doch nur
wieder als Kraftfahrer in Betracht und da ist alles
für mich bloß halb so schlimm, denn im Auto bin ich
ja schon zu Hause.
Ich hoffe, dass du und Schetty alle beide gesund
seid und bleibt und werde schon bald wieder mal was
von mir hören lassen.
Bis dahin grüßt und küsst dich
Dein dankbarer Sohn Leo
Heut bin ich schon 2 Jahre verheiratet und 2 Jahre
Soldat, wie die Zeit vergeht und wie lange dieser
Hokuspokus noch dauert?

Was Leonhard in den Februar- und Märztagen des Jahres
1942 nicht schreibt, aber ziemlich sicher gesehen hat, sind
die Massentransporte belgischer, niederländischer und französischer Juden und Roma in die Konzentrationslager im
Osten. Kolonnen von überfüllten Lastwagen und vollge-
pferchten Viehwaggons rollen nach Birkenau, Bergen-Belsen
oder Dachau. Bis 1945 werden allein aus Westeuropa knapp
76.000 jüdische Bürger in die deutschen Vernichtungslager
deportiert. Nur rund 2500 von ihnen überleben. Ab Jänner
1942 fahren aber auch zahlreiche Züge aus Osteuropa nach
Deutschland, vollgepfercht mit Ukrainern, Polen, Weißrus-
sen und Russen. Sie stammen aus den von der deutschen
Wehrmacht besetzten osteuropäischen Gebieten und werden
nach Deutschland verschleppt, wo sie Zwangsarbeit verrichten müssen. Der „Ostarbeitererlass" Hitlers vom 20. Februar 1942 degradiert die osteuropäischen Zwangsarbeiter
zu Sklaven. Sie werden wie Tiere gehalten, hauptsächlich in

Rüstungsbetrieben und in der Landwirtschaft eingesetzt und hemmungslos ausgebeutet.

Leonhard weiß, dass er über die Menschentransporte nicht schreiben darf. Aber die Gräueltaten der Nazis, die er täglich auf seinen Fahrten entlang der Westfront beobachten kann, belasten ihn, wie aus späteren Briefen hervorgeht. Doch der mittlerweile zum Obergefreiten beförderte Soldat Wohlschläger verschließt die Augen, verdrängt das Beobachtete und konzentriert sich ganz auf seine bevorstehende Verlegung:

O.U. 4.3.1942

Liebe Mama!

Nun wieder ein paar Zeilen von mir, damit du nicht in Sorge bist.

Habe dir zwar schon einmal nach meinem letzten Urlaub geschrieben, aber noch keine Post von dir erhalten.

Ich glaube dir schon mitgeteilt zu haben, dass ich nun auch versetzt werde und zwar vorerst nach Kamenz in Sachsen (wenn ich Sachsen bloß höre, na, vielleicht erlerne ich auch nochmal den dortigen Dialekt). Und von dort wird's ja dann bald weitergehen, natürlich wieder als Fahrer, wahrscheinlich Osten. Mein Wunsch wäre ja am liebsten, einen „Reichsautobahnzug" oder so was Ähnliches zwischen die Finger zu bekommen, irgend so einen ganz schweren Lastwagen von 1o-2o Tonnen und damit dann so zwischen Berlin-Wien-Balkan-Ferner Osten oder so ähnlich herumzugondeln. Kannst dir ja leicht denken warum, so alle 2-3 Monate in Wien zu sein wäre nicht so schlecht. Nun, ich bin ja schon sehr gespannt, wo mich der Krieg dann noch hinführt und freue mich ehrlich gesagt schon drauf.

Leonhard weiß, dass er seine Verlegung nicht verhindern kann und daher versucht er, sie sich irgendwie schönzureden. Er hat keine Ahnung, was ihn an der Ostfront erwartet und glaubt, dass es nicht viel schlimmer werden kann als seine bisherigen Kriegserfahrungen. Leonhard ist fest davon überzeugt, dass sein Kriegseinsatz darin besteht, Nazi-Bonzen hin und her zu chauffieren und seine Familie mit Luxusgütern zu versorgen. Ob er das nun im Westen oder im Osten tut, ist für ihn grundsätzlich einerlei. Und er freut sich auf seinen Einsatz im Osten, weil der junge Leonhard insgeheim hofft, neue Erfahrungen machen zu können und viel billiger als bisher an Luxusgüter zu kommen.

Leider konnte ich euch noch nichts besorgen, konnte überhaupt bis jetzt nichts einkaufen, alles unheimlich teuer geworden oder überhaupt nicht mehr zu haben. Z.B. so eine größere Schweinsledertasche, so nach Jettys Geschmack, sah ich letzthin wieder, böse 150 RM. Die sind hier alle schon toll geworden und trotzdem gibt's immer wieder neue Käufer.
Jedenfalls, am 10. geht's von hier ab mit einigen Kameraden, du kannst mir also nicht mehr schreiben, erst neue Anschrift abwarten.
Und nun mache ich wieder Schluss, bleibe mir gesund, auch Jetty, und auf baldiges Wiedersehen.
Werde schon wieder was von mir hören lassen, dein dankbarer Sohn
Leo
Grüße auch an Jetty!

In Warteposition

Am 12. März 1942 trifft der Obergefreite Leonhard Wohl-schläger in Sachsen ein. Sein Quartier bezieht er in der Gemeinde Hosterwitz, die heute ein Stadtteil von Dresden ist. Untergebracht sind die Soldaten in einem ehemaligen Gasthof, den die Wehrmacht für ihre Zwecke adaptiert hat. Leonhard schreibt kurz nach seiner Ankunft eine Postkarte:

16.3.42

Liebe Mama!

Nun bin ich seit 4 Tagen schon nach hier versetzt, kann aber täglich wieder weiter versetzt werden, wird sehr bald sein, vielleicht auch vorübergehend nach Enns oder Wien. Ansonsten geht's mir gut und bin gesund.

Hoffe dasselbe auch von dir und Jetty. Deinen Brief dankend erhalten. Besorgen konnte ich nichts mehr - leider!

Es grüßt euch beide dein dankbarer Sohn Leo

Kaserne in Kamenz bei Dresden, 1942.

Am 5. April 1942 wird's ernst mit der Ostfront. Hitler legt in der Weisung 41 die Ziele fest, die die drei Heeresgruppen in der Sowjetunion noch im Sommer zu erreichen haben. Er befiehlt die Besetzung des Donez-Industriegebiets und die Eroberung Stalingrads (heute Wolgograd). Außerdem will er Vorstöße in Richtung Kaukasus und Baku. Um diese Ziele zu erreichen, wird jeder Mann gebraucht, natürlich auch der Soldat Wohlschläger, der mit seiner Kompanie bei Dresden stationiert ist. In diesem Frühjahr 1942 ist Leonhard motiviert und guter Dinge. Wie erwähnt verspürt Leonhard eine Art Vorfreude auf seinen Einsatz im Osten. Beseelt von einem gewissen Pioniergeist, sieht er seiner Verlegung mit großer Zuversicht entgegen. Und der Obergefreite genießt es auch, endlich ein wenig Macht über andere ausüben zu können, wie er seiner Mutter schreibt:

O.U. 21.3.42

Liebe Mama!

Du wirst erstaunt sein, wenn ich dir schon wieder
schreibe, aber nun bin ich zu einem Feldgruppenteil
versetzt worden und es geht voraussichtlich am 24.3.
Richtung Osten. Vermutlich Richtung Moskau. Na, den
Krempl, will sagen Kreml in Moskau will ich mir noch
genau ansehen, man soll es nicht glauben, wo ich
noch überall gratis hinkomme. Und bis ich wieder
zurückkomme, werde ich euch hoffentlich vieles vom
Kommunismus erzählen können und ich denke auch so
manches Andenken mitbringen.

Wir sind alle hier ganz junge Kerls ca. 19-2o Jahre
alt, alles fast einfache Schützen, sodass es mir
hier verhältnismäßig ganz gut geht als „Obergefreiter". Gearbeitet wird vorläufig von mir aus
überhaupt nichts, bloß kommandiert, noch dazu mit
einer Stimme, so laut, dass ich mich selber nicht
mehr kenne. Ja, siehst, jetzt beginnt die Zeit, wo
sich der Spieß schön langsam umdreht.

Und nun mache ich wieder Schluss, bleibt mir alle
schön gesund, damit wir ein frohes Wiedersehen feiern können. Ich lasse schon mal wieder was von mir
hören, ihr braucht keine Sorgen um mich haben, ich
komme schon durch, ich weiß schon, „wie".

Derzeit heißt meine Truppe:

5. Kompanie Feld. Ers.Brl. 18/II (P.Z.)

Natürlich kannst mir da nicht schreiben!

Nun noch viele Grüße an dich und Jetty,

dein dankbarer Sohn Leo

Leonhard hat wieder Glück, die Hölle muss noch ein wenig auf ihn warten. Statt endgültig an die Ostfront verlegt zu werden, kommt er wieder ins Lazarett:

1.4.1942

Liebe Mama!

Du wirst staunen, dass ich dir noch immer von Deutschland schreibe, wirst mich längst schon in Russland vermuten, aber wir waren eben noch nicht so weit zum Abtransport, denn als es losgehen sollte, ist bei uns einige Tage vorher Diphtherie ausgebrochen, wodurch wir alle in Quarantäne liegen und den ganzen Theatersaal, in dem wir jetzt untergebracht sind, nicht verlassen dürfen. Das wird voraussichtlich zehn Tage dauern, noch dazu über Ostern.

Ansonsten geht es mir halt so, wie es schon beim Kommiss der Fall ist, bisschen Dienst und noch mehr drücken. Als Obergefreiter kann man schon Verschiedenes schwänzen.

Für den Feldzug nach Russland übten wir uns schon mit Märschen von 3o km pro Tag, alle hatten Wasserblasen, auch ich. Bin ja bisher immer nur im Auto gesessen. Und jetzt muss ich alles zu Fuß machen, noch dazu weite Strecken mit oben aufgeladenem Gepäck, wie ein Esel. Aber nur keine Sorge, ich bin trotz allem recht guter Dinge, wie du siehst, kann man alles aushalten.

Jetzt noch meine Anschrift:

L. W. Bei Frau Walter in Hosterwitz bei Dresden, Keppgrundweg 13 Sachsen

Sachsen: die sind vielleicht erst was stur - sollen

mal noch was über die Wiener reden, diese Quatsch-
köpfe hier.
Und in Ermangelung einer Osterkarte, wir dürfen
ja nicht raus, fröhliche Ostern, dir und Shetty,
hoffentlich erlege ich bald so ein paar Pelztier-
chen im Osten, die ich euch statt einer Georgskarte
schicken kann,
dein dankbarer Sohn Leo

In Deutschland beginnen nun die Bombardements der Alliierten auf strategisch wichtige Städte. Lübeck ist die erste
Stadt, die in der Nacht vom 28. auf den 29. März 1942 von
den Bomben der Royal Air Force schwer beschädigt wird.
Vier Wochen später erleiden die Menschen in Rostock ihre
erste Horrornacht in den Luftschutzkellern und kurz darauf,
Anfang Mai, ist Stuttgart dran. Davon bekommt Leonhard
so gut wie nichts mit. Seine Kompanie wird nicht und nicht
bereit für den längst fälligen Abmarsch an die Ostfront:

Dresden-Hosterwitz, 3o. April 1942
Liebe Mama!
Du wirst sicherlich sehr erstaunt sein, dass ich
noch immer hier stecke, aber es ist nun einmal so.
Wir liegen hier so in der Umgebung von Dresden, ungefähr 1 Stunde mit der Straßenbahn entfernt davon
und zwar unsere fünf Kompanien, also ein ganzes Ba-
taillon. Wie ich dir schon geschrieben habe, waren
wir 15 Tage in Quarantäne.
Eine oder zwei unserer Kompanien liegen immer in
Quarantäne. An einen Abtransport von uns ist jetzt
nicht zu denken.

Als Obergefreiter musste ich allerdings vorerst den ganzen Rotz mit anderen Gleichgestellten durchmachen, dann ging's an die „Herren Rekruten", kannst dir denken, dass die Kerle dann nichts zu lachen hatten. Als Obergefreiter habe ich schon ein bisserl was zu reden, lasse mich da von den Rekruten sicher nicht übervorteilen. Ja, jetzt dreht sich der Spieß, jetzt kann ich die „Schnauzer" austeilen, so wie es die früher mit mir gemacht haben. Ja, das steht mir zu, wie man so schön sagt beim Kommiss, und was mir nur irgendwie „zusteht", kannst dich darauf verlassen, das hole ich mir!
Ich führe ein ganz schönes Leben. Appelle usw. mache ich nun nicht mehr mit, Gott sei Dank, den Quassel habe ich nun endlich hinter mir und ich kann mir daher auch einen „Putz" halten. Bloß eins: Habe es auch Edith schon geschrieben und zum Teil auch schon erhalten: Brotmarken und etwas Kuchen zum Kaffee und Zigaretten wenn's geht - wir bekommen bloß einmal 1/4 Kommissbrot pro Tag, das ist ein bisserl wenig. Also, bitte sende mir etwas davon, wenn Du was hast, nur bitte recht bald und dann womöglich express oder per Eilgut.
Hoffe, dass du und Jetty gesund bleibt, damit wir noch viele Friedensjahre wieder mal erleben können. Es grüßt Dich und Jetty dein dankbarer Sohn Leo
Meine Adresse: O.Gefr.L.W. Dresden-Hosterwitz, Gasthof Kronprinz (frankiert schreiben)

Während sich Leonhard in Kommandos geben übt und sich dabei die Stimme heiser brüllt, toben an der Ostfront im Mai

1942 bereits heftige Gefechte, vor allem auf dem Gebiet der heutigen Ukraine. Bei der Schlacht um die Halbinsel Kertsch nehmen die Deutschen rund 170.000 Soldaten der Roten Armee gefangen. Ähnlich viele geraten nach den Kämpfen in und um Charkow (Ukraine) in deutsche Gefangenschaft. Und schließlich beginnt am 2. Juni unter dem Decknamen „Störfang" die Schlacht auf der Krim um die Schwarzmeer-Hafenstadt Sewastopol. Die Kämpfe dauern vier Wochen. Die deutsche Wehrmacht erleidet zwar hohe Verluste, kann die Krim aber besetzen. Während den siegreichen deutschen Soldaten das Kampfabzeichen „Krimschild" verliehen wird und der Oberkommandierende des Krim-Feldzuges, Erich von Manstein, zum Generalfeldmarschall befördert wird, klagen viele in Leonhards Kompanie in Dresden über Halsschmerzen, Schluckbeschwerden und hohes Fieber. Nach wie vor grassiert die Diphtherie. Der Obergefreite Wohlschläger bleibt zwar gesund, leidet aber unter der spartanischen Unterkunft sowie der schlechten und zu geringen Verpflegung, wie er seiner „lieben Mama" nach Hause schreibt:

Hosterwitz, 21.5.1942

Liebe Mama!

Von deinen Brotmarken, die du mir in den letzten beiden Briefen beigelegt hast, habe ich noch welche, weil Edith mir auch welche geschickt hat und auch die Bäckerin hier so halbwegs mit sich reden lässt. Ich gebe bloß immer die Hälfte der Marken ab und empfange doppelt so viel Brot. Auch ein Milchgeschäft haben wir hier mit einer netten Tochter, der mache ich halt ein bisserl schön, da gibt's dann einige Male in der Woche je 1 Liter Vollmilch und

etwas Butter. Meine Wäscherin hat wieder Hühner,
der kratze ich auch das Goderl und dann rückt sie
Eier raus. - Man braucht halt immer eine gewisse
Zeit, dann kann man sich schon irgendwie helfen.
Muss bloß aufpassen, dass keine was von der anderen merkt - diese sturen Landtrampeln. Bloß einen
kleinen Geldschein könnte ich noch gebrauchen, denn
eine, die mein Bier bezahlt, habe ich noch nicht
gefunden. Und mit den 12 RM alle 1o Tage - hier
gibt's ja keine Frontzulage - kann man keine Sprünge machen. Aber Edith hilft auch, so dass es nun
schon „zum Aushalten" ist, zumal ich ja nun überhaupt mehr anschaffe und kommandiere. Nicht einmal
mein Gewehr putze ich selber, auch da müssen sich
schon andere finden. Bloß an das tägliche zeitige
Aufstehen und den „herrlichen" Schlafsaal mit dem
Holzwoll(stroh-)säcken kann ich mich schwer gewöh-
nen. Weiße Federbetten, die sich so schön hutschen
lassen, wie z.B. unser neues Schlafzimmer, so was
geht mir ab.
Aber ansonsten hätte ich nicht zu klagen, leben bloß
in der ständigen Angst, bei uns könnt auch wieder die
Diphtherie ausbrechen, dann folgt wieder Quarantäne,
nachdem erst gestern aufs Neue je 1 Fall in der 1.,
2. und 3. Kompanie aufgetreten ist. Hat auch schon 2
oder 3 Todesfälle gegeben, müssen daher zur Vorbeu-
gung täglich gurgeln, auch alles auf Kommando. Kannst
dir gar nicht vorstellen, wie das aussieht, wenn so
2oo Mann zur gleichen Zeit auf Kommando gurgeln.
Hab auch das Kommando übers Gurgeln etc., kurzum, mit Stahlhelm alles im Auge behalten und die

2oo Mann im Zaume halten. Jedenfalls ist das alles
noch immer viel besser, als Rekrut zu sein. Noch
besser wär's halt, wenn der Krieg aus wäre!
Warten von Woche zu Woche auf unseren Einsatz, bis
jetzt retten uns aber immer wieder die Diphthe-
riefälle. Wenn die dann auch mal wieder aufhören,
glaube ich, liegen wir keine 3 Tage mehr hier.
Wünsche dir und Jetty aber auch ein frohes und gesundes Pfingstfest, auf Urlaub kann ich jetzt leider
nicht kommen.
Viele Grüße an alle, dein dankbarer Sohn Leo

Während die Ärzte in Leonhards Kompanie in Dresden gegen
immer wieder neu aufkommende Diphtherie-Fälle kämpfen,
machen die Nazis in Wien Jagd auf Juden. Allein zwischen
dem 9. April und dem 5. Juni 1942 werden rund 4.000 jüdische Männer, Frauen und Kinder vom Aspangbahnhof nach
Izbica im Südosten Polens deportiert, darunter auch Wilhelm
Goldberger aus der Löwengasse 2, den Leonhard bei seinen
Besuchen im Kaffeehaus Prückel kennengelernt hat. Der gute
Willi, wie er genannt wird, ist um 18 Jahre älter als Leonhard
und so etwas wie ein väterlicher Freund. Immer wieder hat
er den jungen Burschen im Prückel ein Glas Cognac spen-
diert, mit ihnen über Gott und die Welt philosophiert und
viel gelacht. Dass er Jude ist, hat niemand gewusst und vor
dem Krieg auch niemanden interessiert.

Eines Morgens wird der gute Willi von SS-Männern aus
dem Bett geholt, in einen Viehwaggon gepfercht und nach
Izbica deportiert, stehend. Auf diesen knapp 1000 Kilometern gibt es weder zu essen noch zu trinken. Und der Zug
hält auch nicht zur Verrichtung der Notdurft, sondern erst

in Izbica. Der Gestank, der nach dem Öffnen den Waggons entströmt, ist entsetzlich ...

Die polnische Ortschaft Izbica ist damals ein Durchgangs-ghetto für Juden aus Wien in die Vernichtungslager Belzec und Sobibor. Erst viele Jahre später erfährt Leonhard, dass sein Saufkumpane Wilhelm Goldberger im Frühsommer 1942 ermordet worden ist, so wie auch alle anderen 4.000 Wiener Juden, die zwischen Anfang April und Anfang Juni 1942 nach Izbica transportiert worden sind.

Vermutlich ist der gute Willi schon tot, als Leonhard am 4. Juni 1942 seiner Mutter schreibt:

```
                      Dresden-Hosterwitz, 4.6.1942
Liebe Mama!
Deinen letzten Brief mit den 6 RM habe ich dankend
erhalten. Dass mich Edith nochmals besucht hat,
wirst du ja aus unserer Pfingstkarte bereits ersehen
haben. Leider konnte sie nur 2 Tage bei mir bleiben,
weil sie nicht länger frei bekam. Alles aufgrund der
letzten Führerrede, viel arbeiten und kein Urlaub.
Und nun ist auch für uns hier die Zeit gekommen,
ganz überraschend schnell, wo wir von hier Abschied
nehmen müssen, eben Soldatenschicksal. Es hat ja
sowieso sehr lange gedauert, fast 3 Monate. Haben
in dieser Zeit alle möglichen Sachen neu dazugelernt
und wiederholt und ich bin Gruppenführer geworden.
Morgen früh hat die Stunde geschlagen, wir werden
verladen.
Es sind noch immer nicht alle aus der Quarantäne
entlassen, denn kaum ist einer draußen, wandert ein
anderer hinein. Dass nicht mehr von uns krank gewor-
```

den sind, ist vielleicht dem Umstand zuzuschreiben, dass wir täglich 3 x gurgeln mussten. Aber trotzdem kamen immer wieder neue Fälle vor.

Im Ernstfall ist aber auch dies alles nur eine Kleinigkeit, für fehlende Leute wird eben Ersatz gestellt und ab geht's. Nun werden wir morgen früh verladen, abends, denn die Transporte gehen immer nachts ab, und ab dann ist auch unser spärlicher Briefverkehr bis auf weiteres unterbunden und verboten. Denn du hast ja von mir keine Anschrift, keine Feldpostnummer und wir dürfen vorerst auch nicht schreiben, um Richtung usw. nicht bekanntzugeben. Jedenfalls geht's aber Richtung Moskau.

Wenn du von mir längere Zeit, können 2-3 Monate sein, keine Post erhältst, brauchst noch lange keine Sorge um mich haben. Werde sicherlich Gelegenheit haben, dir zu schreiben.

Und nun liebe Mama, sei mir schön gegrüßt und auch Bussi an Dich und Jetty, bleibt gesund und sorgt Euch nicht um mich. Vielleicht kann ich diesmal deine Wünsche in Form von Packerln erfüllen, wer weiß, was ich dir vielleicht aus Moskau alles schicken kann! Und nochmals Bussi

Dein dankbarer Sohn Leo

An der Ostfront

Ähnlich wie zu Beginn der Kampfhandlungen entlang der Westfront feiert die deutsche Wehrmacht auch an der Ostfront vorerst noch einen Sieg nach dem anderen. Am 21. Juli 1942 überschreiten deutsche Truppen den Don. Es ist der erste Schritt auf dem Vormarsch nach Stalingrad. Zwei Tage später erobern die Deutschen Rostow, womit die große deutsche Sommeroffensive in der Sowjetunion begonnen hat. Leonhard dürfte mit seiner Kompanie in der sogenannten Heeresgruppe Süd eingegliedert sein, die die knapp 500 Kilometer südöstlich von Moskau gelegene Stadt Woronesch erobert. Fast ein Jahr lang hält die Wehrmacht die 350.00 Einwohner große Stadt besetzt. In dieser Zeit kommt ein Zehntel der Bevölkerung entweder ums Leben oder wird zur Zwangsarbeit nach Deutschland deportiert. Der junge Soldat Wohlschläger hat wieder Glück. Während ein Teil der Heeresgruppe Süd mit der berühmt-berüchtigten, aber letztlich glücklosen 6. Armee weiter nach Stalingrad (heute: Wolgograd) zieht, bleibt er mit seiner Einheit südöstlich von Moskau stationiert, um den Nachschub für die Kämpfer in Stalingrad sicherzustellen.

Oberkommandant der 6. Armee ist General Friedrich Paulus, der unter Historikern als ziemlicher Feigling gilt. Paulus schickt zwischen September 1942 und Februar 1943 zehntausende junge Männer in einem sinnlosen und vor allem aussichtslosen Häuserkampf in Stalingrad in den Tod. Der 6. Armee gelingt zwar der Einmarsch in die strategisch nicht unwichtige Stadt, sie scheitert aber daran, die sowjetischen Truppen vom westlichen Ufer der Wolga und aus der Stadt Stalingrad zu vertreiben. Während sich der eine Teil der Heeresgruppe Süd in Stalingrad festbeißt, misslingt dem anderen Teil die geplante Eroberung der Ölfelder im Kaukasus. Die Ostfront ist im September 1942 auf einer Länge von rund 2000 Kilometern überdehnt und lückenhaft. Schwere strategische Fehler des Oberkommandos, wie etwa die falsche Lagebeurteilung der Front und der immer schlechter werdende Nachschub sowie auch der massive Widerstand der Roten Armee bringen die deutsche Offensive im Osten im September 1942 zum Stillstand. Das Oberkommando der Wehrmacht lenkt daher alle verfügbaren Kräfte in den Osten. Mit dabei auch der „brave Soldat" Wohlschläger.

Leonhards erste Eindrücke von Russland sind alles andere als positiv: Er ist schockiert. Langsam ahnt er, was ihm noch alles blühen könnte. In seinem ersten Brief aus Russland wird auch die Wirkung der menschenverachtenden NS-Propaganda deutlich. Leonhard zeigt Verständnis für das Brandschatzen und Morden der Nazis, das er tagtäglich miterlebt:

Russland, 15.6.1942

Liebe Mama!

Nun will ich dir den ersten Brief aus Russland, dem Lande ohne Grenzen schreiben. Wohl nur ganz kurz, denn obwohl ich erst den 3. Tag bei diesem neuen Haufen bin, würde es nicht ausreichen, Bände zu berichten.

Nach 6 Tagen Fahrt à la Luxuswagen mussten wir umsteigen auf russische Spurbreite und haben die letzten 7o km auch glücklich überstanden. Dann ein „kleiner" Gepäcksmarsch und keine Spur eines Autos, das ich oder die anderen Kameraden übernehmen sollten.

Die Straßen, alle genauso wie laut Wochenschau. Derzeit ist alles unheimlich staubig. Trotzdem wäre mir lieber gewesen, schlecht gefahren, als gut gegangen zu sein, von wegen „gut" gegangen. Weit, sehr weit weg davon. Ich kann dir natürlich nicht vieles darüber schreiben, ganz klar, aber hier gibt's nur endlose Wälder oder sumpfiges Wiesengelände, bewohnt höchstens von Partisanen.

Apropos wohnen, hast du die Ausstellung „Sowjetparadies" gesehen? – genauso und noch ärger, bloß armselige Holzhütten, mit Stroh gedeckt. Teller, auch aus Blech, sind hier Fremdwörter. Nichts wie Dreck und Mist – Läuse und Wanzen und Milliarden von Gelsen und Mücken – alles sumpfig. Haben deshalb auch Mückenschleier gefasst und fressen Malariapillen. Die Kost ist sehr gut, sogar Schokolade etc. Wir wohnen in einem russischen Schmalspurwaggon, (die russische Normalbahn ist sonst um 1o cm breiter als die deutsche) außerhalb eines „Dorfes". Läuse werden wir hier kriegen, ist bloß eine Frage von Tagen, wenn auch nicht mit solchen Rekorden wie im Dorfe. Wenn ich schreibe, wie jetzt z.B., muss ich

des öfteren aufhören, denn da wird scharf geschossen mit unseren diversen Kanonen und da wackelt
hier die ganze Bude. Aber es macht Spaß, habe mich
rasch an so manches gewöhnt und eigentlich ganz
ungefährlich.

In Wahrheit ist Leonhard am Verzweifeln, nur schreiben kann
er es nicht. Zwischen den Zeilen versucht er irgendwie zum
Ausdruck zu bringen, dass der einzelne Soldat so gut wie keine menschliche Bedeutung hat, lediglich als militärisches Material zählt, das rücksichtslos in die Schlacht geworfen wird:

Unrasiert und fern der Heimat, hier ist alles Schütze Arsch: zur Entlausung, aber bitte sehr, mit Vergnügen! Achtung, Feindeinsicht! Achtung, das oder
jenes! Kurzum: Achtung, hier ist Krieg! Alle gegen
alle, gegen Läuse, Wanzen, Mücken (echt russische),
Partisanen, Russen usw., und trotz allem kommt mir
alles nicht so gefährlich vor. Hier ist alles so
1oo-fach gesichert, dass es für die Russen bestimmt
nicht einfach ist, hier Erfolge zu erkämpfen.
Von wegen Sonntag oder sonstige Freizeit, das hat
sich alles aufgehört. Nicht einmal den billigen Luxus „Trinkwasser", bloß Tümpeln, zum Rasieren. Zum
Zähneputzen wird schwarzer Kaffee verwendet. Kaufen
kann man hier gar nichts, weder Bier noch Schnaps -
rein gar nichts! Es gibt hier keine Geschäfte, bloß
in größeren Städten, wir aber liegen weitab davon.
Hoffe jedoch, dass wir bald wieder unsere Lager mit
Deutschland und Frankreich vertauschen, um anderen
Platz zu machen. Kann sein!?

Ausgehen kann man hier nicht, wohin schon? Und wenn, dann geht das hier nur mit geladenem Gewehr - kein Schritt ohne Waffe, sicher ist sicher! Man macht das hier genauso wie in den Karl-May-Büchern. Dafür gibt's hier aber auch „prachtvolle Reitpferde", Panjegäule, diese halbverhungerten Kreaturen, aber sehr zähe Luder, die selbst für die Wurstmaschine zu schlecht sind. Höchstens zum Leimsieden und Seife machen.

Die menschenverachtende Nazi-Propaganda zeigt Wirkung. Ebenso Hitlers Erlass, auf dem Gebiet der Sowjetunion „entschieden, energisch und rücksichtslos durchzugreifen". Dieser Erlass ist ein Freibrief für Wehrmachtssoldaten, grausam, unmenschlich und völkerrechtswidrig vorgehen zu können. Und daher schreibt Leonhard:

Kurzum, wenn du dieses Elend des Bolschewismus sehen könntest, du würdest lieber in die Hölle wandern, als jemals hier zu leben und Kommunist zu werden. Einfach unbegreiflich. Hier ist es ganz sicher keine Sünde, alles hinzumorden und abzubrennen, dem Teufel ist dieses Land schon zu schlecht. Wer Kommunismus hier mit eigenen Augen sieht und erlebt, ist und bleibt ein Leben lang ein Todfeind desselben. Man kann das nicht schreiben, eher mal erzählen. Jetzt knallt's mal wieder, dass die Bude hier wackelt. Nächstens schreibe ich dir mehr, bloß schade, dass so ein Brief so lange geht, nach Aussagen anderer Kameraden 2-3 Wochen - außer mit Luftfeldpost, da in 5-6 Tagen, leider kann ich da bloß 4 im

Monat schreiben, dazu bekommt man Marken, eben bloß
4 Stück. Für diesen Monat erhielten wir bloß 1,
erst ab nächsten Monat 4 Stück. Trotzdem werde ich
bald und oft wieder schreiben, damit du nicht in
Sorge bist, obwohl es ganz überflüssig ist, Sorge
zu haben.
Und nun wieder Schluss für heute. Es grüßt und küsst
dich dein dankbarer Sohn Leo
Auch an Jetty viele Grüße
Geld und Marken für Brot etc. alles überflüssig,
hier kannst du nicht 1 Pfennig ausgeben. Bloß Zigaretten, aber auch nicht unbedingt nötig, bekomme täglich 8 Stück, und du darfst bloß 1oo Gramm
senden.
Meine Anschrift: L.W. Ogfr., Feldpost No. 252o4 C

Leonhard weiß zu diesem Zeitpunkt nicht, dass die deut-
sche Armee an der Ostfront bereits mehr als ein Drittel ihrer
Kampfkraft eingebüßt hat. Hitlers Generäle beziffern den
Kampfkraftverlust sogar auf 50 Prozent und versuchen den
„Führer" im Frühsommer 1942 zu einem Friedensschluss mit
der Sowjetunion zu bewegen. General Eduard Wagner warnt
Hitler vor utopischen Angriffsplänen und General Georg
Thomas zeigt zum Ärger Hitlers auf, dass das Missverhältnis
zwischen Kriegsbedarf und Deckungsmöglichkeiten immer
größer wird. Der General versucht Hitler dazu zu überreden,
die militärischen Operationen an die Treibstofflage anzu-
passen. Doch Hitler lässt sich nicht von seinem irrwitzigen
„Siegsplan" abbringen. Er befiehlt die Eroberung der kauka-
sischen Ölfelder und auch die Zerschlagung der sowjetischen
Rüstungskapazität im Süden – und dazu gehört die Erobe-

rung von Stalingrad. Für Hitler ist die Einnahme der Stadt aus drei Gründen wichtig: Sie ist ein wichtiger Industriestandort, die Wolga ist ein wichtiger Versorgungsweg der Russen, den Hitler abschneiden möchte und die Stadt trägt einen bedeutenden Namen, nämlich den des obersten Feindes – Stalin! Vergeblich machen Hitlers Generäle darauf aufmerksam, dass das Hauptziel, nämlich die Unterbrechung des Versorgungsweges über die Wolga, bereits seit dem 6. September 1942 erreicht sei. Eine Schlacht um die noch stehenden Häuserruinen in Stalingrad halten die deutschen Strategen zu Recht für eine Verschwendung von Personal und Material. Doch niemand wagt es, sich Hitlers Starrsinn zu widersetzen. Der „Führer" erklärt die vollständige Eroberung der Stadt Stalingrad zum kriegsentscheidenden Ziel.

Leonhard hat in diesem Sommer 1942 sehr oft Feindberührung, die er aber in den Briefen an seine „liebe Mama" immer wieder herunterspielt:

———————————————

Russland, 29.6.1942

Liebe Mama!

Jetzt bin ich schon ca. 3 Wochen in diesem „herrlichen Land" und schreibe dir wieder, damit du dich um mich nicht sorgst.

Wir liegen noch immer in unseren Waggons, bin ungefähr dort, wo ich in einem meiner Dresdner Briefe Mitteilung machte [Anm.: Leonhard hat in seinen Briefen aus Dresden immer Moskau erwähnt]. Jedes Mal, wenn ich gerade zu schreiben anfange, dann knallen unsere Kameraden so, dass der ganze Waggon wackelt. Aber das tut sonst nichts zur Sache, wir schlafen deshalb genauso ungestört!

Anfang voriger Woche haben die Russen das Dorf angegriffen, wo auch unsere Feldküche steht und dabei eines unserer „Panjepferde" vom Küchenwagen umgelegt. Da gab's dann von diesem dürren Gaul „Gulasch" als Separatzulage.

Ansonsten kommt es mir hier manchmal so vor, wie in einem Karl-May-Buch: bärtige Soldaten, habe auch schon einen „Rudolf-Forster-Schnurrbart" [Anm.: Rudolf Forster, 1884-1968, öst. Volksschauspieler mit markantem Oberlippenbart], Karabiner umgehängt, am Feuer kochen, alles Wasser muss abgekocht werden. Ringsum sumpfige Steppe und Wald. Wenn es hier wenigstens Wild gäbe, aber rein gar nichts, bloß Mücken, Läuse, Ameisen und Fliegen und irgendwo in den Wäldern Partisanen. Und vor uns die russische Front. Aber beiden wird bald der Garaus gemacht.

Hoffentlich kommen wir bald in eine größere Stadt, wo es mal wieder deutsches Bier gibt. Ich glaube, wir alle können uns so etwas Moussierendes gar nicht mehr vorstellen und kaum mehr als 2 Schluck auf einmal nehmen.

Ich bin schon ganz Soldat: Letztens träumte ich, ich hätte mein M.G. mit 5-Mark-Scheinen geladen, weil ich keine Munition mehr hatte. Na, ist ja auch wahr, hast die Tasche voller Geld und kannst dir aber auch gar nichts kaufen.

Bin bloß neugierig, im Nebendorf gibt's einen Reserveoffiziersanwärterlehrgang. Habe gleich ein Gesuch geschrieben, vielleicht klappt's und ich werde zugelassen. Dann heißt's aber ran, damit ich hoffentlich bald einen höheren Dienstgrad bekomme.

Müsst halt die Daumen für mich halten. Na, und wenn
nicht, komme ich auch so durch. Der Krieg wird auch
sein Ende nehmen, dann gibt's wieder weiße Betten
und schöne goldene Tassen, jetzt ist es bloß ver-
rußtes Kochgeschirr.
Nun wieder Schluss, bleibe ohne Sorge um mich, da,
wo ich stecke, machen bloß die Mücken summende
„Stuka-Angriffe".
Sei herzlichst gegrüßt und geküsst, auch Grüße an
Jetty,
dein dankbarer Sohn Leo

Leonhard hat Angst. Immer öfter ist er nördlich von Stalingrad in Kampfhandlungen verwickelt. Er fühlt er sich über-
fordert und nicht zum Kämpfer an vorderster Front berufen.
Und weil Leonhard den Kampf an der Front nicht verwei-
gern kann und ihn die Verbrechen der SS im Hinterland, wo
er tätig ist, belasten, besucht er erstmals den Wehrmachts-
gottesdient. Der „brave Soldat" bittet um Vergebung seiner
Sünden in Russland und um den Segen Gottes. Seine Gebete
werden erhört. Seine Truppe wird zurückgezogen:

Russland, 27.7.1942
Liebe Mama!
Jetzt habe ich dir schon lange nicht geschrieben.
Wir konnten aber auch die letzten Wochen nur ganz
selten schreiben. Es war und ist hier zu viel Wir-
bel. Der Russe wollte unbedingt mit starken Kräften
ausgerechnet dort durchbrechen, wo wir lagern. Er
setzte dazu seine modernsten Waffen wie „Ratsch-
Bum", Stalinorgel und 52-t-Panzer ein. Wir haben

14 Tage hinter uns, die ich so schnell nicht vergessen werde. Reich an Sekunden und Begebenheiten,
die schon mehr als heiß waren. 14 Tage nicht rasiert, nicht gewaschen, selbst fast nichts geschlafen, nur immer in kleinen Erdlöchern gehockt, nur
wenige Meter vom Russen entfernt.
An Schlafen war in diesen beiden Wochen nicht zu
denken. Oft wurden wir von drei Seiten eingekreist.
Aber mit einem Höllenfeuerzauber und einer anfangs
unvergleichlichen Übermacht gelang es uns immer
wieder, dank unserer einzig hervorragenden Luftwaffe, Bomber und Stuka, uns nicht nur wieder heraus-
zuschlagen, sondern auch diese Russen, die unglaublich zäh und hinterlistig kämpfen, zurückzutreiben.
Bei Tag sehr heiß, nachts wieder kalt und zum Teil
Regen, so dass wir in unseren Löchern im Wasser
standen, ständig bereit, immer wieder neue Angriffe
abzuwehren. So vergingen diese zwei Wochen.
Nun aber sind wir abgelöst worden. Verstärkungen,
frische Truppen sind angekommen und so zogen wir
rückwärts, vorerst mal so ca. 1o km. Da hörten wir
kein MG mehr, kein Gewehr oder MP und wir über-
nachteten in so einer Russenbude am Fußboden. Es
kam uns alles wie unbezahlbarer Luxus vor, trotz
der fetten Wanzen, Läuse, Fliegen und Mücken und
des üblichen Gestanks. Und nun sind wir nochmals
ca. 2o km zurück, also jetzt schon ganz weit weg
vom Schuss und gehen wieder, aber ohne mich, der
altgewohnten Beschäftigung nach, diesmal Straßen-
und Brückenbau.
Ich bin vorläufig bis auf weiteres zum Btl.-Stab

kommandiert als Lkw-Fahrer, fahre einen vollkommen
heruntergekommenen, reparaturbedürftigen „Borg-
ward“, 3,5-Tonnen-Wagen, mit dem schon keiner mehr
was zu tun haben möchte. Aber bei mir läuft diese
Kraxen zu aller Erstaunen wie neu.
Wir liegen in einem Walddorf. Vorne Wald, und was
für einer! Ohne Ende. Ein echter Urwald. Parti-
sanenwald, einerseits, andererseits von Sümpfen
idyllisch eingerahmt und ich schlafe herrlich auf
Stroh im Zelt. Gleich am Anfang des Dorfes steht
ein Schild auf Deutsch und Russisch: „Wer in den
Wald geht, wird erschossen!“ Das betrifft nämlich
die russische Zivilbevölkerung. Jedenfalls spüren
wir fast nichts von den Partisanen, sie sind im
Auflösen, da ihnen der „Nachschub“ fehlt.

Unbewusst erwähnt Leonhard den sogenannten „Hungerplan“ der Nazis. Der Plan ist eine von Herbert Backe (auch
Backe-Plan genannt) im Jahr 1941 entworfene Strategie, die
deutschen Soldaten während ihres Kriegseinsatzes an der
Ostfront zu ernähren. Demnach haben deutsche Truppen in
den besetzten Gebieten der Sowjetunion die Lebensmittpro-
duktion übernommen, mit dem Ziel, die landwirtschaftlichen
Produkte ausschließlich ins deutsche Reich zu liefern bzw. die
deutschen Soldaten an der Ostfront damit zu versorgen. Die
lokale Bevölkerung wird laut „Hungerplan“ dazu gezwungen, Agrarprodukte herzustellen, muss diese aber dem Deutschen Reich abtreten. Dabei ist ganz bewusst einkalkuliert,
dass infolge des Entzugs von Nahrungsmitteln bis zu dreißig
Millionen Menschen in der Sowjetunion verhungern. Die
Nazi-Propaganda macht den Wehrmachtssoldaten weis, dass

der „fleißige Deutsche" die Landwirtschaft in den besetzten
Gebieten übernehmen müsse, weil die Russen zu faul dafür
seien. So schreibt Leonhard:

Ansonsten gibt's hier schon allerhand Ackerbau und
Viehzucht, natürlich unter deutscher Leitung, denn
der Russe ist stinkfaul. Freue mich schon auf heurige Kartoffel, schätze noch ca. 14 Tage, dann
aber ran, nachts! Es gibt dann zusätzlich prima
Mahlzeiten.
Unser Essen hier ist ausgezeichnet, gestern bekamen wir sogar Rotwein, jede Woche 2x Schokolade,
dann Bonbons, aber wenig zu rauchen, täglich nur
3-6 Zigaretten. Deine angekündigten Päckchen sind
leider bis heute nicht eingetroffen - dauern aber
immer etwas länger. Postverbindung dauert immer
ca. 14 Tage. Selbst wenn ich mich auf dem schnells-
ten Wege nach Wien machen würde, 8 Tage ununterbro-
chene Eisenbahnfahrt stünden mir mindestens bevor.
So weit sind wir im Osten und bald wird es noch
viel weiter sein.
Denke aber nicht, dass ich in vorderster Linie sein
werde, das war einmalig. Hoffe, dass ich endgültig
hierher versetzt, statt an die Front abkommandiert
werde. Bin in der Truppe J (Instandsetzungstruppe)
für Kraftfahrzeuge. Wenn auch die russischen Straßen wahnsinnig schlecht sind, so ist es noch immer
besser schlecht gefahren, als gut gegangen zu sein.
Trage nun einen Spitzbart von 2-3 cm Länge. Esse
abends herrliche Walderdbeeren, die ich für 1 Zi-
garette von den Russenweibern eintausche. Bin aber

auch fest am „Ponyfahren" mit 2 PS. Bei den Aus-
fahrten habe ich immer „Eierhandgranaten" dabei,
Pistole im Koppel, Gewehr am Rücken und dementspre-
chende Adleraugen. Glaube manchmal, ich lese ein
Karl-May-Buch.
Wenn es heißt: „Wir liegen in Ruhe", dann ist das
noch lange keine Ruhe. Ruhe heißt Arbeitsdienst:
Waffen reinigen von dem Sand und Staub, sonstige
Klamotten putzen, wie die oft aussehen, kannst du
dir gar nicht vorstellen, exerzieren, Unterricht
etc.
Hoffe aber, dass ich nun wieder ein Auto haben wer-
de, darauf bleibe und mich wieder dünne machen kann.
Wie lange wir nun hierbleiben? Alles unbestimmt.
Kann sein, dass wir noch weiter zurückmachen, meine
damit natürlich nur unseren Verein, nicht verfolgt
von den Russen, die haben viele schon einen kalten
Arsch. Das rochen wir so nebenbei vorige Woche.

Propaganda-Ansichtskarte der Wehrmacht, 1942.

Wenn wir Glück haben, kommen wir eventuell ins Altreich oder gar wieder in den Westen. Gerade brausen wieder unsere Flieger über mich hinweg, schwere Bomber, da gibt's wieder allerhand Zunder. Kannst dir vorstellen, wie wir die immer bejubelt haben. Erschienen welche über unseren Köpfen, hat sich kein Russe gerührt, kein russischer Jäger ließ sich blicken. Da haben die Russen heillosen Respekt. Kaum aber waren sie weg, ging's von Neuem los, schon deshalb, weil unsere Flieger zum größten Teil den Nachschub der Russen stören müssen und nicht so die vordersten russischen Linien mit Bomben belegen können.

Kann aber auch sein, dass wir uns hinter dem Vormarsch anschließen und absichern, und so auch einen russischen Winter erleben müssen. Jedenfalls habe ich mir schon ausgerechnet, dass ich so um Weihnachten auf Urlaub komme. Das sind 4 Wochen. Die gehen nicht nur vom Kriege ab, sondern auch vom russischen Winter! Muss bloß sehen, dass ich bis dorthin überhaupt meine Uniform durchbringe, denn so könnt ich mich nicht ins Altreich oder nach Wien getrauen. Hier ist alles so: Selbst ist der Mann! Oder: Hilf dir selbst, so hilft dir Gott.

Nun will ich wieder schließen, brauchst nun keine Sorge um mich zu haben, wer so lange Briefe schreibt, hat Ruhe und Zeit, wenn du dich mal wieder um Lebensmittel anstellen musst, liebe Mama, macht nichts, gar nichts. Die Leute in der Heimat murren, sollen nur mal hierher kommen, gerne würde ich mich noch viel mehr einschränken, Hauptsache, ein Bett

und ein Tisch mit Teller, Zivilisation und Kultur -
Russland, so wie ich es bis jetzt kennenlernte, da
ist mehr Unterschied als zwischen Himmel und Hölle.

Wie perfekt die Propaganda der Nazis die Gehirne junger
Menschen durchdrungen hat, zeigen die folgenden Zeilen
Leonhards, die sich wie eine Rede des Reichspropagandami-
nisters Joseph Goebbels lesen:

Alles wird wieder anders, liebe Mama, besser! Jetzt
haben wir beide unsere Nöte, du das Anstellen für
eine magere Kost, und ich hab's auch nicht weiß
Gotte wie fett oder reichlich, bloß täglich Eintopf.
Dünn und ich hab auch noch den Krieg. Es gibt bestimmt wieder sonnige Tage für uns, immer nach Regen folgt Sonnenschein. Vorläufig müssen wir alle,
Front und Heimat, jeder auf seine Art die Zähne
zusammenbeißen. Denn wer das Russland und seine
Soldaten erlebt, will sich nicht vorstellen, dass
diese Horden ganz Europa beglücken wollen, auch unser Wien, und wir könnten uns am Ende gar nicht mehr
wehren, werden womöglich weiter vertrieben oder
erschossen, während dieses Pack sich dann bei uns
breitmacht, unsere Frauen vergewaltigt etc., nein,
Mama, ich wäre auch froh, wieder privat zu sein.
Arbeit gäbe es genug, für jeden. Aber hier sieht man
die eiserne Notwendigkeit, den Zwang und dass Muss
eines Krieges voll und ganz ein. Nicht eher, als bis
diese rote Gefahr endgültig vorbei ist, kann Friede
sein. Es wird nicht von heute auf morgen der Fall
sein. 1 bis 2 Jahre sicher noch, dann habe ich auch

meinen 3o-iger wohl schon um vieles überschritten,
bis Friede ist. Aber sei stolz, dass auch du deinen
Sohn im Osten hast!
Ich weiß ganz bestimmt, ich kehre gesund wieder
heim. Letztens war ich sogar vor dem Angriff beim
Wehrmachtgottesdienst, habe kommuniziert. Keiner
kann uns was vorwerfen. Wenn jemand murrt, in der
Heimat oder hier, es ändert eben nichts.
Nun sei mir herzlichst gegrüßt und geküsst, auch
viele Grüße an Jetty, dein dankbarer Sohn
Leo

Ende August 1942 steht Stalingrad in Flammen. Die deutsche
Luftwaffe fliegt massive Angriffe gegen die Stadt. In rund
1600 Einsätzen werden Brand- und Sprengbomben abge-
worfen, die Stalingrad in ein Trümmerfeld verwandeln. Rund
40.000 Menschen sterben, die meisten von ihnen Zivilisten.
Stalingrad gleicht einer brennenden Ruine. Leonhard ist im
Hinterland eingesetzt und bemüht sich um Fortbildungskurse, damit er nicht an vorderster Front kämpfen muss. Seiner
Mutter schreibt er:

Russland, 9.8.1942

Liebe Mama!
Wir sind nun wieder mal übersiedelt, das kommt bei
uns hier öfter vor, von einer Wanzenburg in die andere, anders kann man die Dörfer hier nicht nennen.
Zu meinem 3o-igsten Geburtstag fand ich so nebenbei
die ersten 4 Läuse als russisches Geburtstagsge-
schenk. Nun hat's mich auch ereilt, das bleibt hier
keinem erspart.

Aber dafür fanden sich als Gegenleistung auch ein Huhn und heurige Kartoffeln in meinem Suppentopf. Bloß erwischen darf man sich nicht lassen. Hier, wie im Westen, gleich einige Kilometer hinter der Front, beginnt das deutsche Organisationstalent. In diesem Land, das sogar dem Teufel zu schlecht ist, bin ich in den 2 Monaten zu einem richtig guten „Organisator" geworden. Was die anderen können, das kann ich auch. Man wird hier ziemlich abgehärtet, kein Herzgefühl mehr, keine Zivilisation, es gibt nur mehr strenge Disziplin, richtige Wildwest- (Wildost-) Manieren.

Nun besuche ich schon bald 3 Wochen einen Ausbildungslehrgang. Noch 4–5 Tage, dann habe ich auch den überstanden. Nachmittags arbeite ich als „Automechaniker" beim Instandsetzungstrupp. Diese Woche habe ich schon 2 Pkw vollständig zerlegt. Morgen geht der ganze Mist per Bahn ab. In 14 Tagen kommt der gleiche Mist wieder „repariert" zurück und dann muss ich wieder ein fahrbares Auto daraus machen. Habe natürlich auch viel Körperliches auf mich genommen. Glaube, dabei Rheuma gekriegt zu haben. Meine Gelenke knarren und schmerzen bereits leicht. Den 2. Lehrgang für angehende Ausbildner möchte ich mitmachen, weil 1.Gelegenheit, 2.keinerlei Ablenkung und 3.doch knapp hinter der Front.

Dann bin ich Ausbildner, durch und durch. Der Korporal (Uffz.) ist dann nicht mehr fern als Dienstgrad. Außerdem bestehe ich alles mit Vorzug und dann kann man auch sehr bald Leutnant werden. Dazu gehört natürlich noch viel, aber vielleicht schaffe

ich es. Allerdings: Tag und Nacht „stucken". Der
Krieg ist noch lange nicht aus, so schnell rüste
ich auch nicht ab, also bleibt mir praktisch gar
nichts anderes übrig. Straßenbauen kann ich später,
wenn alles reißt, noch immer.
Jetzt kann ich auch schon allerhand reiten, das
lernen hier alle Kraftfahrer, die kein Auto haben.
Man muss hier eben so richtig „umsatteln".
Die „Parole", dass wir bis zum Herbst wieder raus-
kommen, neu aufgestellt werden und dann vielleicht
gegen England ziehen, hält sich hartnäckig. Soeben
sind 3 Stalinorgeln auf Raupenschleppern vorbeige-
fahren, unsere Beute! Das sind so Riesenungetüme,
die gleich ganze Bauernhäuser mitnehmen, so schwere
Maschinen kann sich unsereins gar nicht recht vorstellen. Der Motor alleine ist gleich so groß wie
deine Küche und das ganze rollt auch noch.
In den Dörfern, in denen ich meistens liege, gibt's
nirgends Schulen oder Kirchen. Alle sind hier bis
auf wenige Ausnahmen Analphabeten. Fast keine Männer hier, nur Frauen und viele, viele Kinder. Alle
unternährt, krank, einfach elende Menschen. Dabei
sehr viele Kühe und Pferde hier überall. Auch Hühner, bloß siehst du keine Eier. Und mit dem Russisch Sprechen, da gibt sich hier keiner Mühe. Ein
paar Worte kann ich schon, aber wozu? Wir geben
uns mit den Leuten fast nicht ab. Ein Bettelvolk,
das einem zusieht, wie man sein Essen in den Mund
steckt, die man erst wegjagen muss, sonst vergeht
einem der Appetit.
Momentan liege ich mit 3 anderen Kameraden in ei-

nem Holzschuppen, unbewohnt. Da gibt's nur massen-
haft Stubenfliegen. Auf jeden Schlag könnte man so
8-1o Stück erschlagen.
In dem Schuppen bauen wir uns, was wir brauchen.
Tische, jeder zimmert seine Bank selbst, das ist
hier unsere „Freizeitgestaltung". Müssen bloß immer
aufpassen, dass uns niemand hinters Haus scheißt,
sonst zieht sich der holde Duft durch die vielen
Ritzen zu den Fliegen ins Innere.
Hauptsache, der Humor bleibt. Freilich wird er ker-
niger, aber da ist er, und so wird bei uns immer
Leben sein, dass die wackeligen Wände immer noch
mehr wackeln, denn die „Bravsten", das kannst du
dir leicht denken, sind wir schon lange nicht mehr.
Und dabei muss ich Hochdeutsch sprechen, anders sind
die hier zu dusselig.
Nun grüßt und küsst dich recht schön und auf baldiges
Wiedersehen hoffend, auch Grüße und Dank an Jetty,
dein dich liebender, dankbarer Sohn Leo

Leonhard ist weit hinter der Front im Einsatz und bemüht
sich mit seiner Einheit um den Nachschub für jene Truppen
der 6. Armee, die am 13. September 1942 den Häuserkampf
in Stalingrad beginnen. General Paulus ist – ebenso wie viele
andere Strategen im Oberkommando der Wehrmacht – davon überzeugt, dass die Einnahme der Stadt zu viele Verluste
kostet. Paulus wagt aber nicht, den Befehlen Hitlers zu wi-
dersprechen. Und so beginnt ein mörderischer Kampf in den
Straßen und Gassen der Stadt zwischen jungen deutschen
und jungen russischen Männern. Sie kämpfen um die Ruinen
von Stalingrad, die nach den heftigen Luftangriffen der deut-

schen Wehrmacht übrig geblieben sind. Es wird um jeden Hauskeller gekämpft, vormittags erobert, nachmittags wieder verloren, in der Nacht von Neuem erobert, morgens wieder verloren – ein ebenso beispiel- wie sinnloses Gemetzel, das Stalingrad in die Hölle auf Erden verwandelt. Die Gefallenen bleiben liegen, oft wochenlang, ehe viele dort verscharrt werden, wo sie ihren letzten Atemzug getan haben – für „Führer, Volk und Vaterland", wie es dann in den Todesanzeigen der Wehrmacht an die Hinterbliebenen heißt.

Der Nachschub für die kämpfenden Soldaten in Stalingrad, mit dem Leonhard beschäftigt ist, funktioniert nur sehr schlecht. Nur die Hälfte der Truppe ist überhaupt mit Winterkleidung ausgerüstet. Im Oktober 1942 hat es in der Gegend bereits Minusgrade. Auch die Ernährung der Soldaten an der Ostfront ist schlecht, Zwieback und Dauerwurst sind zu wenig. Während bei den Deutschen im Osten das Hungern beginnt, leiden zur gleichen Zeit ihre Kameraden an der Afrikafront ebenfalls an einem Nachschub-Problem. Die Wehrmachtssoldaten in El-Alamein (Ägypten) unter Generalfeldmarschall Erwin Rommel bekommen in der sengenden Hitze des Spätsommers 1942 fettreiche Fleischkonserven geliefert, die für die Ostfront-Kämpfer bitter notwendig gewesen wären.

Und auch in Wien hungern die Menschen. Die Bevölkerung kann in dieser Zeit nicht mehr ausreichend versorgt werden. Lebensmittel, aber auch Bekleidung sowie Dinge des täglichen Bedarfs, wie etwa Toilette-Artikel oder Reinigungsmittel können nur mit Bezugsscheinen oder zu Wucherpreisen im Schleichhandel gekauft werden. Vor den Geschäften bilden sich täglich lange Schlangen, doch nicht alle kommen dran. Vor allem Lebensmittelläden werden oft schon nach wenigen Verkaufsstunden geschlossen, weil alles streng rationiert und daher bald ausverkauft ist. Seit April ist die wöchentliche Normalration Fleisch von 400 Gramm auf 300 Gramm reduziert, im Sommer wird die Wochenration weiter auf 200 Gramm gesenkt.

Nur Leonhards eigene Versorgung funktioniert. Er ist satt, weil er an der Quelle sitzt:

Russland, 9.9.1942

Liebe Mama!

Habe schon vor einigen Tagen deinen lieben Brief vom 23.8. dankend erhalten, freut mich auch immer, wenn ich Post von dir erhalte. Nun will ich dir mal wieder ein bisschen weiterberichten:

Also, nun habe ich zwei 3-wöchige Lehrgänge mit gutem Erfolg hinter mir. Kann dir bloß sagen, es hat mir gereicht, aber nun bin ich froh darüber, dass ich sie gemacht habe. Jetzt kann ich wieder weiterbefördert werden und habe dann auch ein besseres Leben beim Kommiss.

Erwarte nun, hoffe baldigst, den Uffz.-Dienstgrad und gleichzeitig meine Ernennung zum Offiziersbewerber. Und das mit Recht! Musste mich auch tüchtig zusammenreißen. Es haben z.B. beim 2. Lehrgang von 53 Teilnehmern bloß 20 bestanden. Es waren Prüfungen, die stundenlang dauerten und von höheren Offizieren abgenommen wurden.

Die Teilnahme an diesen Kursen hatte ich allerdings dem Zufall zu verdanken. Damals, als ich gleich nach dem schweren 3-wöchigen Einsatz als Lkw-Fahrer zum Stab kommandiert wurde, da bekam ich Kenntnis

davon. Na, da gab's dann bloß 2 Wahlmöglichkeiten:
entweder am nächsten Tag wieder zurück und dann
1o Tage später wieder von vorne anfangen, oder aber
versuchen, an dem Kurs teilnehmen zu können. Hatte
damit Schwein, also jetzt ist's vorüber.
Nun bin ich wieder bei meiner alten Kompanie, die
inzwischen aber dem Nachschub angegliedert wurde.
Zwar bin ich bei einer kleinen Kraftwagenkolonne,
aber ohne Auto (kommen hoffentlich später!?). Muss
jetzt russische Gefangene bewachen, die ganz vorne
Stellungsbau machen. Dies aber nur bis zum 14.9.,
dann geht's wieder zurück und dann eben wieder
Straßenbau.
Im Großen und Ganzen mach ich die Arbeit, die ich
schon vor dem Einsatz machen musste, bin aber jetzt
mehr Zuschauer, Aufpasser und Anschaffer. Trotzdem
eine sehr geisttötende Arbeit, die mir jetzt erst
recht nicht passt, weil ich mich dann ja umsonst mit
den Lehrgängen geplagt hätte. Aber ich hoffe, dass
ich nun zu einer größeren Nachschubeinheit komme,
wo für mich dann auch Aufstiegsmöglichkeiten vorhanden sind. Dementsprechendes ist bereits von mir
eingeleitet worden. Hoffe, dir also baldigst meine
Beförderung mitteilen zu können!
Ansonsten geht's mir ganz gut, 24 Stunden Wache,
24 Stunden frei, da kann ich so zum Zeitvertreib
Läuse und Flöhe knacken, die ich jetzt schon wieder
habe. Eine Uhr bräuchte ich hier eigentlich auch
keine, weil der Russe immer genau um 4 Uhr Nachmittag einige schöne Grüße zu uns herüber schickt -
genauso wie die Kirchen um 6 zur Vesperläuten.

Ab und zu mal „Fliegeralarm", wohl anders, wie der in Wien - ohne Luftschutzkeller! Aber wir sind das schon gewohnt, da stehe ich nun mit Stahlhelm am Maschinengewehr, wenn ich nur mal einen Flieger abschießen könnte, dann gäb's 2o Tage Urlaub.

Mit dem Essen klappt es jetzt auch schon besser. Esse täglich heurige Kartoffel und heurige Salzgurken, manchmal Margarine, manchmal auch etwas Butter, wenn ich ein Ei wo organisieren kann, dann gibt's Bratkartoffel. Aber irgendwie kommt immer was auf den Tisch als Zugabe. Bloß dieses verdammte Ungeziefer. Wenn ich mal mit der Kappe auf den Tisch schlage, sind 2o-3o Fliegen erledigt. Diese Moskitonetze haben wir auch, ohne die kann man ja gar nicht schlafen. Überall gleich, in jedem Dorfe die gleiche Sauerei. Seitdem ich im Osten bin, kann ich mir ein richtiges Bett gar nicht mehr vorstellen. Habe noch keine Nacht ohne Uniform geschlafen, und immer nur auf Brettern oder Stroh! Und trotzdem gewöhnt man sich an alles. Nur muss man sich dann später mal, wenn wir wieder „Zivilisation" verspüren, anständig zusammennehmen. Manchmal kommt es mir trotz aller Disziplin wie bei den Goldgräbern in Alaska vor. Man ist ohne anständigen Schießprügel nur ein halber Mensch. In Wien wird mir dann das Gewicht von wenigstens einem Revolver samt Munition abgehen. Man wird hier ein gefühlsroher Mensch, hart und eisern, mit kommunistischen Ansichten.

„Kommunistische Ansichten" gehören für Leonhard offenbar zu einem „gefühlsrohen Menschen" dazu. An der Ostfront – so meint er – wird man nicht nur abgestumpft, roh und gefühlskalt, sondern auch ein Kommunist. Kommunist zu sein ist für Leonhard wie ein Schimpfwort, oder zumindest wie eine gefährliche Krankheit, mit der man sich infizieren kann. Damit wird deutlich, dass er politisch eher ungebildet ist, dass er gar nicht weiß, wie ein kommunistisches Weltbild aussieht. Aber für politische Bildung hat sich Leonhard nie sonderlich interessiert, viel mehr für Vergnügungen aller Art:

Auf ein Kino wäre ich auch schon sehr neugierig, und wenn ich nach Hause komme, wirst mich nur mehr am Radio sehen.
Das vom Pekarek weiß ich schon, teilte mir der Weissmann Hansl mit, der einzige, dem ich bis heute 2x geschrieben habe. Schade um ihn! Aber hier lernt man viele Menschen kennen, und auf einmal hört man, dass der oder der auch schon gefallen ist. Und man geht zur Tagesordnung über.
Das Rheuma ist bei mir wieder weg, die Kiefereiterung und das Reißen von 3 Wurzeln und Zähnen auch vorbei. Jetzt habe ich nur noch 15 Zahnderln. Hole mir demnächst, wenn ich mal wieder im Dreck liegen sollte, ein kleines Gebiss, ansonsten bei Gelegenheit, weißt ja, wie ich das meine.
Geld brauche ich hier wirklich keins, höchstens mal für Marketendereiwaren und das habe ich immer bei mir. Im Gegenteil, habe Edith schon mal 11o RM nach Hause geschickt.
Jetzt aber wieder Schluss, es ist scheinbar 16 Uhr, der Russe rührt sich wieder. Fensterscheiben haben

wir sowieso keine mehr, das Dach wird uns hoffent-
lich bis Samstag noch bleiben, dann geht's ja wie-
der um einige Kilometer zurück. Und die heurigen
Kartoffeln sind auch gerade fertig, nun also ein
bisschen volle Deckung und dann „Mahlzeit".
Lasse mir die ganze Verwandtschaft schön grüßen.
Vielleicht besuche ich sie mal beim nächsten Urlaub.
Dann musst du mir auch eine gute Mehlspeise machen,
auf sowas bin ich schon ganz verrückt.
Nachher Geschirrabtrocknen! Wird unbedingt gemacht.
Viele Küsse und Grüße an dich und Schetty,
dein dankbarer Sohn Leo

Auffallend ist, dass der Ton in Leonhards Briefen immer dann
recht jovial ist, wenn er sich offenbar in einer gefährlichen
Lage befindet. Vermutlich schreibt er sich seine Angst von
der Seele. Die Briefe an seine Mutter sind für ihn so etwas
wie eine Therapiestunde. Gleichzeitig gibt Leonhard stets
vor, eine gewisse Machtposition in seiner Truppe zu haben,
bedeutend zu sein, und erfleht auf diese Weise die Anerkennung seiner Mutter.

Für die deutschen Soldaten in Stalingrad wird die Lage
immer ernster. Trotz hoher Verluste gelingt es nicht, die Stadt
unter Kontrolle zu bringen. Zu schaffen machen den Deutschen die vielen russischen Scharfschützen, die in den Ruinen
ideale Deckung finden und gezielt Soldaten aus den vormar-
schierenden, kleinen deutschen Stoßtrupps herausschießen.
Immer öfter macht sich Panik breit, die Kampfmoral sinkt
stetig. Auch Leonhard schimpft bereits über die Wehrmacht
und hat Mamas Geburtstag schon wieder vergessen …

Russland, 1o.1o.1942

Liebe Mama!

Nun ist es schon wieder sehr lange her, seitdem ich was von mir hören ließ. Ich stecke noch immer bei dieser Kompanie, derzeit als „Schreibtischgewaltiger". Ja, man muss sich für den Winter schon ein warmes Plätzchen aussuchen, nachdem die Beförderung bei diesem Verein, diesem gottverlassenen, auf sich warten lässt. Natürlich habe ich auch noch viele andere „Frischluft"-Beschäftigungen, aber doch nicht so arg. Es ist zum „Aushalten", wenn man so sagen darf. Denn Ansprüche jeglicher Art sind hier ja sowieso himmelhoch und daher nicht greifbar. Greifbar sind höchstens bei etwas Geschick, und das lernt man hier bald, Flöhe, Läuse etc., also überall die alte Tour.

Ansonsten sind wir mittendrin, „Wintervorbereitungen" zu treffen. Brennholz sammeln in noch nie gesehenen Mengen, ja, warm muss es dann in irgendeinem Loch schon sein, sonst gibt's kein Leben, das merken wir schon schön langsam.

Hoffe aber, als in der Schreibstube Tätiger, dass ich mir da vorerst noch Urlaub besorgen kann, bevor der Schnee ein Fahren wahrscheinlich unmöglich macht. Kann sein, dass ich noch diesen Monat komme oder im November, jedenfalls bin ich schon fest am „Deichseln". Ja, Ellenbogentechnik ist hier so wichtig wie scharfe Munition.

Nun wieder Schluss, auf baldiges gesundes Wiedersehen hoffend. Du ahnst gar nicht, wie sehr man sich freut, von hier bloß 2-4 Wochen verschwinden zu können!

Es grüßt dich dein Bub, der sich schon sehr auf eine
Jause bei dir freut.

Dein Leo

Liebe Mama, fällt mir gerade ein, natürlich wie
immer zu spät, (so wie immer), dass du ja am 2. Oktober deinen Geburtstag hattest. Ich wünsche dir
halt verspätet, aber doch vom ganzen Herzen alles,
alles Gute, dass es zumindest erst die Hälfte der
erlebten Jahre sind und dass die 2. Hälfte deiner
Geburtstage noch weitaus schöner und genussreicher
werden. Wenn ich dir nun nicht wie früher einmal
(allerdings schon sehr lange her, aber ich kann mich
noch erinnern) ein „Sprücherl" aufsagen kann und
jetzt momentan auch keine Gabe (Edith habe ich auch
vergessen zu schreiben und sie selbst wird's eben
nicht wissen) oder wieder vergessen habe, Dir Blumen
zu schicken oder bringen, so nimm halt beiliegendes
„Pflaster" und kaufe dir selber was drum, musst halt
gucken, ob man Geld bei euch noch anbringen kann,
ohne Marken, bei uns auf keinen Fall.

Ein verspätetes Geburtstagsbussi von deinem Sohn

Leo

Mitte November 1942 gelingt der sowjetischen Roten Armee
in Stalingrad eine entscheidende Operation. Die deutschen
Linien werden im Norden und Süden durchbrochen, die
6. Armee unter Generaloberst Friedrich Paulus – mit über
330.000 Soldaten – ist eingekesselt. Alle Versuche der Deutschen, die Front irgendwie zu stabilisieren und nach Süden
auszubrechen, scheitern an der fehlenden Ausrüstung und
Versorgung. So etwa stellt sich heraus, dass die knapp hin-

ter der Front wartende Panzerdivision nicht voll einsatzfähig ist. Die Panzer waren in Scheunen und Ställen versteckt. Mäuse haben die elektrischen Kabel der Kettenfahrzeuge angeknabbert und so zwei Drittel der Panzer außer Gefecht gesetzt. Der Nachschub über Land bricht endgültig zusammen. Das Oberkommando der Wehrmacht entscheidet, die Soldaten im Kessel aus der Luft zu versorgen. 500 Tonnen an Versorgungsmaterial täglich sind mindestens notwendig. Der deutschen Luftwaffe gelingt anfangs gerade einmal die Hälfte der notwendigen Versorgungsflüge. Wegen des immer schlechter werdenden Wetters können letztlich nur knapp 95 Tonnen eingeflogen werden. Die Nahrungsrationen der eingekesselten Soldaten werden halbiert, sie bekommen lediglich 30 Dekagramm Brot und Wurst, zwei Wochen später nur noch 10 Deka und knapp vor der endgültigen Niederlage im Jänner 1943 sind es ganze 6 Deka pro Mann. Wer nicht von Russen erschossen wird, verhungert oder erfriert. Aus nackter Verzweiflung jagen sich viele Soldaten selbst eine Kugel in den Kopf, meist ihre letzte.

Leonhard hingegen hat es zwischenzeitlich geschafft, Urlaub zu bekommen. Er ist Ende Oktober, Anfang November, während in Stalingrad gestorben wird, zwei Wochen in Wien auf Urlaub. Mitte November ist er wieder in Russland, weit hinter der umkämpften Stadt Stalingrad. Zu essen hat er genug:

O.U. 19.11.1942

Liebe Mama!

Nun bin ich wieder hier in unserem alten Dorfe eingetroffen. Unsere Fahrt war tadellos und ohne Zwischenfälle. Hier liegt schon überall Schnee,

kalt ist es aber noch nicht besonders. Jetzt heißt
es halt wieder sich eingewöhnen in die russischen
Verhältnisse. So kleine Verbesserungen und Verschö-
nerungen in unserer Unterkunft wurden auch gemacht.
Bin wieder in der Schreibstube und so hoffe ich,
dass ich den Winter gut überstehen werde. Hoffe auch
das Gleiche für dich und Jetty. Habe Dank für alle
guten Sachen und wenn ich wiederkomme, dann „fang
ma von vurn wieder an" zum Mehlspeis essen.
Für Weihnachten wird bei uns schon fleißig geschafft: 1 Gans von Riesenformat, 6 Hähne etc. sind
bereits in unserem Pferdestall und werden dort fest
von uns gemästet, alles so nebenbei eingetauscht.
Wollen hoffen, dass noch Zuwachs kommt, damit es
für uns paar Manderln reicht. Zum essen gibt's
genug, wurde anständig gesorgt und eingelagert:
1oooe kg Kartoffeln, dann ist unser Kommissbrot
auch fast weiß geworden, alles Weizenmehl. No, ich
werde mich schon kräftig dranhalten.
Der Russe ist auch ruhig, bloß vereinzelte Späh-
trupptätigkeit, also wollen hoffen, dass es so
bleibt.
Edith und die Schwiegermama haben die letzten Tage
noch fest gebacken. Proviant usw. ist nur fast die
Hälfte übriggeblieben, na, hier wird's schon zu
bald alle werden, war wirklich sehr zufrieden mit
meinem Urlaub, bloß die Tage sind halt allzu rasch
verflogen. Jetzt ist's nur mehr wie ein sehr deutli-
cher Traum. Es müsste eben umgekehrt sein, 6 Monate
Urlaub und 14 Tage Kommiss.
Deine ledernen Schnürriemen habe ich jetzt auch er-

halten, prima und 1ooo Dank dafür. Um Stiefel muss
ich mich halt bald umsehen, sonst wird's Essig hier.
Sonst ist alles so ziemlich beim Alten. Was es sonst
Neues gibt, kann ich dir ja sowieso nicht schreiben.
Und was die einzelnen Kameraden betrifft, wird dich
nicht interessieren, kennst ja keinen davon.
Wir haben also unsere Winterstellungen bezogen,
hoffentlich bleiben wir auch hier, denn jetzt umzie-
hen wäre schon allerhand, bis wir da wieder unsere
„Ruhe" haben.
Die Keks finden auch hier als Kostprobe allgemeines
Verständnis und die Jetty kann von allen, die davon
gekostet haben, mehr als ein Lob ernten.
Fliegenplage ist nun auch vorbei, ebenso sind unsere Quartiere alle entlaust worden. Aber will da
noch nichts Voreiliges gesagt haben, das wird die
Zukunft lehren.
So, nun weißt du wieder Bescheid, bis ich mich erst
ein wenig eingewöhnt habe, werde ich dir schon
wieder schreiben. Am ersten Tag kann man ja auch
nicht gleich alle Neuigkeiten wissen und bis dahin
nochmals vielen Dank für alle guten Sachen und viele
Grüße an dich und Jetty auch Bussi
dein „Ostfrontkämpfer" und dankbarer Sohn Leo

Im Oktober 1942 ist die militärische Lage für Generalfeldmarschall Erwin Rommel im Afrikafeldzug ähnlich aussichtslos wie für Generaloberst Friedrich Paulus in Stalingrad.
Dem „Wüstenfuchs", wie er von den Nazis auf Grund seiner
strategisch genialen Kriegsführung in Afrika genannt wird, ist
es im Sommer 1942 trotz militärischer Unterlegenheit zwar

gelungen, die britische Armee bis El-Alamein zurückzudrängen, letztlich muss er sich einer numerischen Übermacht britischer Soldaten Ende Oktober geschlagen geben.

Der Afrikafeldzug ist verloren. Dennoch befiehlt Hitler, bis zum letzten Mann weiterzukämpfen. Rommel ist nicht bereit, junge Männer für nichts in den sicheren Tod zu schicken und widersetzt sich dem sinnlosen Befehl des „Führers". Er ordnet den Rückzug nach Libyen an. Auch in Stalingrad erhält General Paulus den Befehl, bis zum letzten Mann zu kämpfen. Doch der zaudernde und heillos überforderte Paulus hat zum Leidwesen seiner Soldaten nicht das Format eines Rommel. Er ist zu feige. Zwar weiß auch er, dass Stalingrad verloren ist, dass ein Weiterkämpfen nur sinnloses Blutvergießen bedeutet, dennoch gibt er noch vor Weihnachten 1942 die lächerliche Parole aus: „Männer, haltet aus, der Führer haut euch raus!" Das Oberkommando der Wehrmacht in Berlin macht aus Rommel einen Verräter und aus Paulus einen Helden. Während Rommel knapp zwei Jahre später zum Selbstmord gezwungen wird, erhält Paulus in Stalingrad nur wenige Tage vor seiner Kapitulation im Jänner 1943 die Nachricht, dass ihn Hitler zum Generalfeldmarschall befördert hat.

In Wien wird zu diesem Zeitpunkt emsig gebaut. Allerdings keine Wohnhäuser, sondern Fliegerabwehrtürme. Hitler hat im September 1942 angeordnet, Flaktürme in Wien zu errichten. Eines der insgesamt drei Turmpaare aus Stahlbeton wird in Leonhards Wohnbezirk errichtet, nämlich im Arenbergpark. Die Verteidigungsanlage muss rasch errichtet werden, die Zeit drängt, denn auch den Wienern sind die Bombenangriffe auf deutsche Städte nicht verborgen geblieben. Vielen ist klar, dass es nur eine Frage der Zeit ist, bis auch Wien bombardiert wird. Arbeitskräfte werden dringend benötigt. Doch einheimische Männer sind kriegsbedingt nicht mehr ausreichend verfügbar, und so werden vermehrt Kriegsgefangene und aus dem Osten deportierte Zwangsarbeiter eingesetzt, darunter auch viele Kinder und Jugendliche. Für das junge Ehepaar Wohlschläger ist der Flakturm-Bau ein Glücksfall. Leonhards Frau Edith, die den Hausmeisterjob ohnehin schon satt hat, findet in der für die Errichtung der Türme zuständigen Magistratsabteilung einen Job. Während Leonhard im Hinterland Stalingrads relativ gut über die Runden kommt, kann auch seine Frau Edith ihr Leben in Wien besser bestreiten. Vor Weihnachten erhält sie sogar Extrazuteilungen für Lebensmittel, die die Nazis den Zwangsarbeitern vorenthalten. Und auch die „liebe Mama" freut sich über einen weiteren Brief ihres „Ostfront-Kämpfers":

O.U. 1o.12.1942

Liebe Mama!

Jetzt bin ich schon bald wieder einen Monat von Wien weg, und habe mich auch hier, was bleibt einem schon anderes übrig, wieder eingelebt. Man kann jetzt bloß vom Urlaub mit gewisser Wehmut zehren, manchmal kommt's einem vor, als wäre es gar nicht wahr gewesen.

Hier ist alles beim „Alten", das heißt, so kleine und große Neuigkeiten gibt's so knapp hinter der Front ja immer, aber das ist alles nichts zum Schreiben.

Die Afrikafront haben wir hier so ziemlich aus den Augen und Ohren verloren, höchstens mal so 14 Tage alte, kleine Nachrichten.

Es ist mir nur ein Trost, dass die Zeit hier sehr,

sehr rasch vergeht, und so möchte ich dir und Jetty
schon jetzt, bis der Brief bei dir ankommt, das dauert ja auch noch seine Zeit, also schon jetzt recht
frohe Weihnachten und natürlich auch ein besseres
neues Jahr wünschen! Dass halt der Krieg und das
ganze Kommiss halt bald ein Ende hätte.
Mit dem Packerln schicken steht's halt für diesmal
schlecht, aber vielleicht geht's im Frühjahr bei
uns hier mal weiter und vielleicht komme ich dann
mal wieder wohin, wo es noch was gibt! Dann aber
wehe, wenn sie losgelassen!
Kalt ist es bei uns eigentlich noch nicht so sehr,
oder kommt mir das nur so vor? Thermometer besitzen
wir keines. Jedenfalls sind's weiße Weihnachten,
der Schnee grieselt hier so, als würde man auf feinen Glasscherben gehen und die aufgehängten Partisanen halten sich sehr gut, so dass sie vorerst gar
nicht beerdigt werden müssen.
Will hoffen, jetzt keinen Umzug oder eine Versetzung
erleben zu müssen. Unsere Einheit gehört nämlich
den „rückwärtigen" Diensten an. Es könnte daher der
Fall sein, dass die jungen wieder versetzt werden.
Aber da werde ich mich schon eher mit meinen Zähnen
melden, wenn's mal so weit ist.
Nun für heute wieder Schluss, bleibt gesund und
froher Dinge. Bett bleibt Bett, an meines darf ich
überhaupt nicht denken,
es grüßt und küsst dich und Jetty, dein dankbarer
Sohn Leo
Feldpost-Nr. 22913 jetzt! Hat sich wieder geändert,
jedoch die alte Einheit.

Die Gräuel im Osten

Leonhard verschont seine Mutter mit Gräuelberichten und der Schilderung möglicher Gefahren, denen er in Russland ausgesetzt ist. Seine Schwester Schetty schont er nicht:

O.U. 3o.12.1942

Liebe Schetty!
Habe deinen netten Brief dankend erhalten, ebenso natürlich Mamas Zeilen.
Ja, also unser Weihnachtsfest ist glücklich in Ruhe verlaufen, der Silvester wird es auch, beide Male ist unser Kompanie-Chef bei uns zu Gast. Zu essen und zu trinken, auch Weihnachtszuteilung, Keks, Schokolade, Schnaps, Wein, Sekt, Zigaretten, Zigarren etc., alles offen gestanden in Hülle und Fülle. Haben noch was dazu gebacken. Prima Stollen, können uns auf keinen Fall beklagen. Wir haben ganz bestimmt weit mehr erhalten, als ihr in der Heimat. Soviel sogar, dass sich buchstäblich 2 vom Nachschub (zu dem ich augenblicklich ja auch

gehöre) totgesoffen haben. Ja, wenn es auch heißt
Nachschub, da sind alle diejenigen dabei, die aus
der kämpfenden Truppe zurückgezogen werden, deren
Vater im Weltkrieg oder deren Söhne bis auf einen in

Auszug aus Leonhards Brief vom 30.12.1942.

diesem Krieg gefallen sind, du weißt schon, was ich meine, nämlich Jahrgang o8 und jünger. Die meisten sind sowieso bedeutend älter. Aus der kämpfenden Truppe zurückgezogen, bedeutet noch lange nicht, in Sicherheit zu sein. Denn wie ist es schon 8 km hinter der Front? Erhöhte Partisanen-Gefahr, also von vorne eventueller Durchbruch, von hinten die Partisanen von oben eventuelle Luftlandetruppen! Deshalb sind wir genauso bedroht, wie die in der vordersten Linie, mit allen.
Aber nachdem wir nachts die 3o-Grad-Kälte-Grenze anständig unterschreiten, kriegen wir guten Französischen Cognac (kenne ich ja von früher), Sekt und Norddeutschen Korn. Schnaps ebenso, aber auch russischen Wodka. Nicht gerade wenig und fast immer kostenlos. Kein Wunder, dass sich 2 gleich totgesoffen haben. Aber man braucht das hier. Der Russe drüben sauft auch, haben vorgestern wieder 14 „Neue" dazubekommen, dürften ganz „nette Kerle" sein, tragen z.B. als Tabaksbeutel Frauenbrüste, so richtige Asiaten aus weiß Gott welchen wilden Stämmen.

Tabaksbeutel aus Frauenbrüsten? – Leonhard macht diese schockierende und menschenverachtende Angabe zwei Mal: Einmal in diesem Brief an seine Schwester und einige Tage später, im Jänner 1943 in einem Schreiben an seine Mutter. Beide Male erwähnt er diese Tabaksbeutel aus menschlicher Haut nur ganz nebenbei, ohne weitere Erläuterungen. Mir ist nicht klar, ob es sich dabei um eine glatte Lüge handelt, um die Gefangenen der deutschen Wehrmacht als – wie es in der Diktion der Nazis hieß – „Untermenschen" zu diskredi-

153

tieren und um eine unmenschliche Behandlung der gefangen genommenen Asiaten zu rechtfertigen, oder ob er diese grauenhafte Entdeckung tatsächlich gemacht hat. Erste Berichte über diese widerwertige Schändung sind im 19. Jahrhundert im Zuge der Massaker gegen Ureinwohner Amerikas auf dem Gebiet der heutigen USA publiziert worden. So etwa schilderte ein Augenzeuge des „Massakers von Sand-Creek" im November 1864, dass Soldaten der Colorado-Kavallerie bei einem Überfall auf ein Lager der Cheyenne-Indianer die Frauen brutal massakriert und aus der abgeschnittenen Haut ihrer Brüste Tabakbeutel gefertigt hätten. Mehrmals erwähnt Leonhard, dass er sich an der Ostfront wie eine Figur aus einem Karl-May-Roman vorkomme. Gut möglich daher, dass bei ihm wirre Karl-May-Fantasien durchgekommen sind.

In Leonhards Brief an seine Schwester ist weiter zu lesen:

Ja, man erlebt schon was. Letztens hatten wir so zur Volksbelustigung einen Partisanen aufgehängt. Der baumelt nun schon 14 Tage, der Hals wird immer länger, bin bloß neugierig, wie lange der's noch aushält. Inzwischen ist er natürlich von Leuten der Zivilbevölkerung seiner Schuhe und warmen Wäsche beraubt worden. Der Bart wächst auch noch immer, genauso wie meiner, nur lebe ich und der ist eben tot. Bin nun alleiniger Schreibkommandant geworden, habe viel zu kritzeln, rechter Papierkrieg, jeder Mist wird gemeldet und würde ich nicht obendrauf Gruppenführer und Wachhabender sein, ich hätte ein Leben wie ein Hauptfeldwebel, alles zu meiner Zufriedenheit, bloß Ansprüche, auch wenn's die kleinsten sind, sind und bleiben unerfüllt.

Jetzt kommen wieder Versetzungen, letzthin bin ich noch durchgerutscht, hoffentlich diesmal auch, mache mich hier unentbehrlich, aber was weiß ich, wie's ausgehen wird. Im Augenblick gehe ich Hunde fangen, erschießen, Fell abziehen von diesem Köter, gerben, Stiefel machen mit Hilfe russischer Gefangener, das sind so meine Nebenbeschäftigungen. Eine feine Pelzkappe habe ich schon, Fell lieferte ein großer Kater. Weihnachtsbaum habe ich auch gemacht, holte mir einen kleinen aus dem unerschöpflichen Walde, da könnte man Geld verdienen. Edith hat mir Kerzen samt Halter, Lametta geschickt, ich habe meine Ration Keks aufgehängt, prima geworden, ganz so wie bei Mama. Bloß alles schon wieder runtergefressen, aber nicht ich alleine, die „Kameraden" haben geholfen. Nachdem ich aber alles überhabe hier, habe ich auch das über, bin also nicht zu kurz gekommen. Habt ihr schon die Brühe Fleisch und die Erbsensuppe erhalten? Keine Angst, bekam jeder von uns als ersparten Kochvorrat zum Geschenk.

Von Edith bekam ich als Weihnachtsgeschenk eine Riesen-Petroleumlampe, ein wahrer Scheinwerfer, der mein Ansehen hier direkt steigert. Im Grunde genommen bin ich also zufrieden, es geht mir gut, habe zu essen und zu rauchen, auch zu saufen, bloß geistig wird man blöd. Alles wie Robinson Crusoe, äußerst primitiv. Einen Pelzmantel habe ich auch, ein wuchtiges Ding, Schaffell, bin darin ein wahrer Rübezahl, selbst die Russenweiber drehen sich nach mir um. Natürlich habe ich stille Verehrerinnen. Milch, Butter etc. wird immer dankend getauscht

gegen Chlaba [Anm.: polnisch Chleb = Brot]. Aber dann
raus mit dem Läusegesindel, mit dem stinkigen, dass
die Fenster, [Anm.: Zeichnung im Brief, kleines Rechteck]
größer sind sie ja sowieso nicht, klirren. Man wird
richtig roh, gefühllos, genauso wie Goldgräber in
Alaska. Mit dem Taschenmesser Pferde schlachten,
Hühner abmurksen und dann damit ein Kunsthonigbrot
bestreichen, ja, was will man mehr?
Bloß mein „Bärtchen", das inzwischen wieder eine
gewisse Ähnlichkeit mit dem eines Seehunds erhalten
hat, macht mir nun zu schaffen. Bei der Kälte genügt
eine ½ Minute, schon ist er gefroren und dann reißt
und spannt das Zeug. Abrasieren, springen bestimmt
die Lippen. Jetzt wird nun das Wasser in den tiefen
russischen Brunnen auch bald ganz frieren, ja, dann
kochen wir: kalten Arsch mit Schneegestöber. Ich
weiß, du wirst die Ohren bei diesem Brief spitzen,
die Stirne runzeln, aber hier lernt man noch viel
mehr. Eine Grenze zu ziehen zwischen dem Anständigen, Erlaubten und dem Gegenteil, ist hier unmöglich.
Also nur kein weißer Rabe sein [Anm.: Bezeichnung für
einen Menschen, der eine abweichende Meinung vertritt], mit-
brüllen, aber bloß dabei die Augen offen halten.
Nun für diesmal wieder Schluss, hoffentlich bringt
uns aber das neue Jahr den Frieden, wer's glaubt,
wird selig und selig sind die, die nichts sehen und
doch glauben. Bleibt alle schön gesund, so im Mai
bin ich vielleicht wieder dran mit Urlaub. Verbringt
den Silvester gut, könnte euch ja einladen zu einem
Liter Schnaps, aber ich denke, der lockt niemanden
hierher, am wenigsten dich und Mama.

```
Es grüßt dich und Mama mit allen guten, frommen
Wünschen fürs neue Jahr dein kleines Brüderlein,
das nun auch schon 30 Lenze zählt und weiße Haare
an den Schläfen bekommt. Gott, wie die Zeit ver-
geht, die schönsten Jahre meiner jungen Ehe gehen
auch zum Teufel.
Dein dankbarer Bruder LEO
Kann man noch Frl. schreiben, oder bist du schon in
dem Alter, in dem man Frau schreibt? Gemein, was?
Aber vielleicht ist's doch wahr.
Neue Feldpost Nr. 32526, alter Haufen
```

In Wien ist es bitterkalt. Die Straßen und Gehsteige sind eisig glatt. Der Winterdienst der Stadt Wien funktioniert schon lange nicht mehr. Es passiert, als Leonhards „liebe Mama" Hosen und Blusen einer Kundin zur Umarbeitung abholen will. Nach wie vor ist sie als Änderungsschneiderin tätig. Bezahlen lässt sie sich in Naturalien, Reichsmark haben für sie (wie auch für die gesamte Wiener Bevölkerung) keinen Wert mehr. Käthe Mahr hat ihr Ziel schon fast erreicht, als sie sich plötzlich in Seitenlage auf dem vereisten Gehsteig wiederfindet und rasende Schmerzen im Knie verspürt. Vergeblich bemühen sich Passanten, ihr aufzuhelfen. Ihre Schmerzen sind zu groß. Ein praktischer Arzt ums Eck wird herbeigerufen, der die Erstversorgung übernimmt und sie in ein Krankenhaus bringen lässt. Diagnostiziert wird ein Bänder- und Kreuzbandriss. Käthe Mahr ist auf einer Eisplatte ausgerutscht und unglücklich zu Sturz gekommen. Leonhard wird per Telegramm von seiner Schwester Schetty über Mamas Unfall informiert. Sofort setzt er sich hin und schreibt:

Liebe Mama!

Na, du machst ja schöne Sachen mit deinem Knie!?
Wenn du hier wärst, schickte ich dich zum Truppenarzt, der verschreibt dir Pillen und es wird
bestimmt wieder gut! Glaube, wenn einem hier der
Kopf fehlt, dann kriegst du hier immer Pillen zum
Schlucken. Nur, so schlimm wird es schon nicht sein,
weder hier, noch mit dir. Denke dir so wie ich: Es
geht alles vorüber, es geht alles vorbei...
Wir singen dieses Liedchen auch, besonders, wenn's
recht mies manchmal ist.
Wie ich Weihnachten und Silvester verbracht habe?
Weihnachten hat's ein bisschen gebummst, da beka-
men wir dann die Gefangenen in unser Lager, alles
Asiaten, mehr Tiere als Menschen, tragen z.B. als
Tabaksbeutel Frauenbrüste. Allerdings: Von den 2oo
Angreifern blieben bloß 14 übrig, der Rest tot.
Ja, hier im Osten geht's hart zu, ohne Erbarmen.
Wir sind aber trotzdem guter Laune, und zwar so
guter, dass sich 2 Kameraden drüben im Nachbardorf
buchstäblich totgesoffen haben - Alkoholvergiftung!
Und Silvester ging's bei uns dann auch ein bisschen
toll zu: Schnaps war mehr als genügend vorhanden,
kriegen wir jede Woche, da hat sich ein Unteroffizier von unserem Zug so vollgesoffen (Gastwirt vom
Zivilberuf), dass dann die schönste Keilerei im Gange war. Selbst nach 5-stündigem Schlaf war er noch
so betrunken, dass er den Wachposten, den wir vor
seiner Kammer aufgestellt hatten, tätlich angriff,
auch seinen Vorgesetzten. Na, und einen Posten unter

Stahlhelm und Gewehr tätlich angreifen, ist viel, sehr viel: der Posten schoss ihm dann ins Bein, ich war Augenzeuge, wir hatten alle schon die Pistolen gezogen, weil wir seiner nicht Herr werden konnten und er ebenfalls am Gewehrständer war. Enderfolg: Lazarett, Kriegsgericht: Urteil schon nach 8 Tagen: Rangverlust, 1 Jahr Gefängnis. Hat sich ausgezahlt! Natürlich Frontbewährung.

Im Augenblick bin ich jede 2. Nacht munter als Wachhabender. Bei Tag Schreibstube, blödsinniger Papierkrieg, geht allen so, sind eben zu wenige. Die einen stehen Posten, die anderen (wir 2 Obergefreite) sind die Wachhabenden. Stündlich Kontrollgang etc. Letzte Woche waren bei uns wieder viele Versetzungen direkt an die Front (ich bin 8 km dahinter), alle jüngeren Jahrgänge sind dorthin verlegt worden und nächste Woche nochmals. Ich bin nicht dabei, habe eine Ausnahme, bin „hier unentbehrlich", bin außerdem über 3 Abschnitte „Straßenbaumeister" geworden. Nebenbei baue ich auch eine Entlausungsanstalt im Dorfe, Brücken, Winterwege etc., nach meinen Plänen und unter meiner Anleitung mit ca. 1oo Kriegsgefangenen und dem nötigen Wachpersonal und einem Dolmetscher. Muss natürlich Tätigkeitsberichte etc. direkt an die Division schreiben. Hoffe, dass ich nun bald auch weiterbefördert werde.

Aus den vielen Briefen Leonhards geht hervor, dass er von einem gewissen Geltungsdrang beseelt ist. Er will stets wer sein, will von der Gesellschaft als wichtig wahrgenommen werden. Rasch erkennt Leonhard, dass man die Karrierelei-

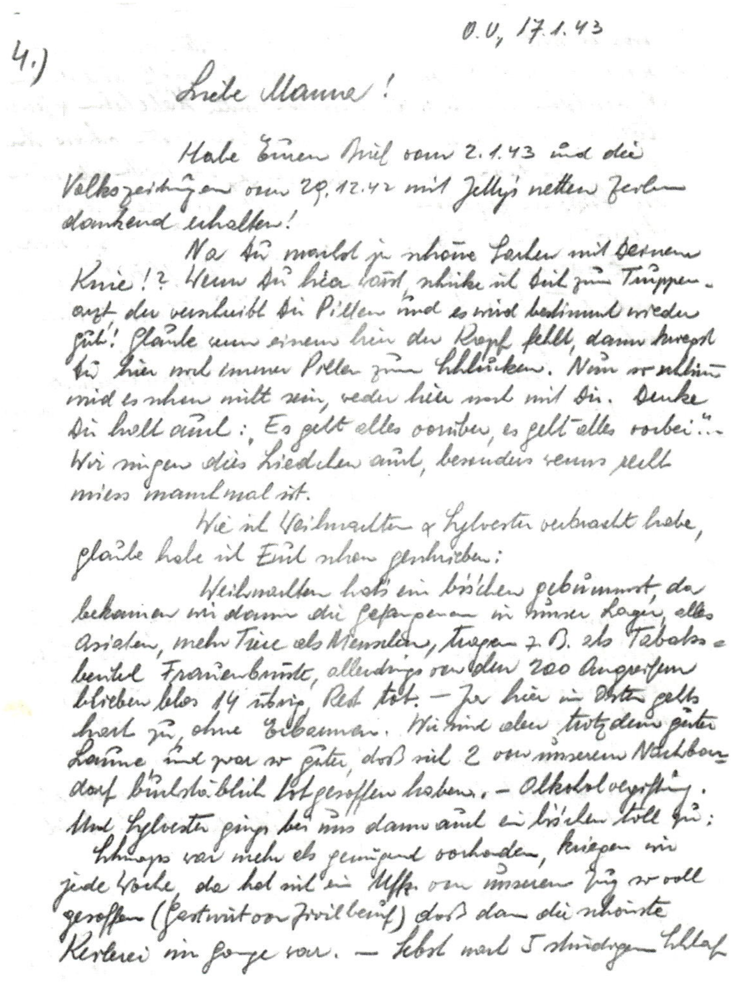

4.)

O.U., 17.1.43

Liebe Mama!

Habe Euren Brief vom 2.1.43 und die Volkszeitungen vom 29.12.42 mit Jellys netten Zeilen dankend erhalten!

Na du machst ja schöne Sachen mit Deinem Knie!? Wenn Du hier wärst, schicke ich Dich zum Truppenarzt der verschreibt Dir Pillen und es wird bestimmt wieder gut! Glaube wenn einem hier der Kopf fehlt, dann kriegst du hier noch immer Pillen zum schlucken. Nun so schlimm wird es schon nicht sein, [illegible] hier noch mit Dir. Denke Du halt auch: „Es geht alles vorüber, es geht alles vorbei"... Wir singen dies Liedchen auch, besonders wenns recht mies manchmal ist.

Wie ich Weihnachten & Sylvester verbracht habe, glaube habe ich Euch schon geschrieben:

Weihnachten hat's ein bißchen gebrummt, da bekamen wir dann die Gefangenen in unser Lager, alles Asiaten, mehr Tiere als Menschen, trugen z.B. als Tabaksbeutel Frauenbrüste, allerdings von den 200 Angreifern blieben bloß 14 übrig, Rest tot. – Ja hier im Osten gehts hart zu, ohne Erbarmen. Wir sind aber trotzdem guter Laune und zwar so guter, daß sich 2 von unserem Nachbardorf buchstäblich totgesoffen haben. – Alkoholvergiftung. Und Sylvester ging es bei uns dann auch ein bißchen toll zu: Schnaps war mehr als genügend vorhanden, kriegen wir jede Woche, da hat sich ein Uffz. von unserem Zug so voll gesoffen (Gastwirt von Zivilberuf) daß dann die schönste Keilerei im Gange war. – Habe nach 5 stündigem Schlaf

Auszug aus Leonhards Brief vom 17.1.1943.

ter der Wehrmacht relativ leicht erklimmen kann. Er braucht nur angepasst und obrigkeitshörig zu sein. Wie in seinen späteren Briefen deutlich wird, hat der junge Wehrmachtssoldat im Krieg mehrmals die Möglichkeit bekommen, seinen Geltungsdrang auszuleben. Er genießt es, Befehle geben zu können, wenn auch in bescheidenem Ausmaß. Immer wieder schildert er seiner Mutter voller Stolz, welch verantwortungsvolle Aufgaben er zu bewältigen habe und teilt ihr damit mit, wie wichtig und unentbehrlich er sei. Zu schaffen macht Leonhard die eisige Kälte in Russland:

Ansonsten gehe ich nachts auf Jagd: wilde Hunde, gestern bekam ich davon prima Röhrenstiefel geliefert, schön ist anders, aber zweckentsprechend und warm sind sie doch. Wir haben die ersten Wölfe gesichtet, weil es jetzt bei uns so kalt ist, dass die Uhren stehen bleiben, die Füllfeder im Sack einfriert, nebst allen anderen üblen Begleiterscheinungen, der Brunnen zufriert etc.
Gestern Nacht haben wir die 4o-Grad-minus-Grenze unterschritten, bei Tag wird's wärmer: bis zu minus 25 Grad – mein armer Schnurrbart!
Aber trotzdem vertrage ich die Kälte noch ganz gut, zumal wir alle sehr gut mit langen Schafspelzen ausgestattet sind! Die Kälte ist trocken, nur Wind darf keiner gehen, der geht dann durch und durch, aber ich habe immer Gelegenheit, mich zu wärmen. Bin nur kurze Zeit, höchstens 1 Stunde im Freien. Und Stahlhelm aufsetzen, ja, die Zeiten sind vorbei, da friert bestimmt das Hirn ein, alles Eisen, Gewehr, MG. etc., wenn man das mit bloßen Händen angreift, bleibt man gleich picken. Hoffe aber trotz allem, ohne den geringsten Kälteschaden durchzukommen.
Auch 2 kapitalen Füchsen (rot) bin ich auf der Spur,

Prachtkerle, so groß habe ich noch nie welche gesehen, leider kann man bei dieser Kälte keinen Stand beziehen, und zum Schießen sind wir zu weit weg, werde es aber mit dem MG versuchen, gleich mit 5o-1oo Schuss, einen wird's schon treffen.

In dieser Schilderung wird deutlich, wie chaotisch und desorganisiert die deutsche Wehrmacht Ende 1942, Anfang 1943 bereits agiert. Während nur wenige hundert Kilometer weiter südöstlich der Kampf um Stalingrad tobt und den Soldaten nach und nach die Munition ausgeht, verschießen die Truppen im Hinterland ihre Munition auf der Jagd nach streunenden Füchsen. Leonhard und seine Kameraden sind nur auf ihr Überleben konzentriert und leben von einem Tag auf den anderen, wie er schreibt:

Es gibt natürlich noch vieles zu berichten, auch Erlaubtes, aber man wird abgestumpft. Was gestern war, wird rasch wieder vergessen, man lebt nur in der Gegenwart. Pferde notschlachten, Hammel stehlen, Geflügel einschachern, Läuse fangen (habe ich auch wieder bekommen, gestern 23 „Abschüsse"), Kühe melken, (ich hab's noch immer nicht erlernt, das Melken), da schicke ich immer andere los, alles so Kleinigkeiten, die hier lebenswichtig sind.
Nun sollen wir ja im Februar „Autos" bekommen, ob wir die nun hier empfangen, oder vielleicht gar bis Frankreich fahren müssen, sie zu holen, steht noch offen, aber hoffentlich! Dann rollt der „Rubel" wieder.
Ja, und im Mai, wenn im Prater die Bäume wieder

blühen, dann hoffe ich, wieder auf Urlaub zu kommen.
Das ist dann Schreibstubentechnik. Nachdem ich nun
aber bald 3 Jahre bei dem Verein bin, habe ich es
schon gelernt, „Ellenbogentechnik".
Und jetzt wieder Schluss, lasst's euch recht gut
gehen, bleibt gesund und trotz allem fidel, ein
echter Weaner geht net unter, es geht alles vorüber, es geht alles vorbei - in 5o bis 1oo Jahren
ganz bestimmt!
Es grüßt dich, liebe Mama und auch Jetty
Dein dankbarer Sohn Leo
P.S. Schnaps kriegen wir genug, aber zum Rauchen zu
wenig, hast nicht ein paar Zigaretten??

In den vereisten Straßen und Gassen Stalingrads wird zum
Jahreswechsel 1942/43 nicht gefeiert, sondern gestorben.
Nach Sanitätern rufen die Verwundeten vergeblich, Pillen
gibt's auch keine. Viele verbluten.

Am 8. Jänner 1943 hat die Rote Armee Erbarmen mit den
eigekesselten Deutschen. Generaloberst Konstantin Rokossowski bietet dem bereits geschlagenen General Paulus die
ehrenvolle Kapitulation an. „Ehrenvoll" bedeutet, dass der
Unterlegene gewisse Rechte garantiert bekommt.

Statt diese ehrenvolle Kapitulation anzunehmen, lehnt
Paulus ab und verursacht so den sinnlosen Tod weiterer zehn-
tausender, junger Menschen. Er funkt nach Berlin: „Noch
weht die Hakenkreuzfahne über Stalingrad. Unser Kampf
möge den lebenden und kommenden Generationen ein Beispiel dafür sein, auch in der hoffnungslosesten Lage nie zu kapitulieren, dann wird Deutschland siegen. Heil mein Führer!
Paulus, Generaloberst"

Solche Sätze liest Hitler gern. Er befördert den Mörder daraufhin zum Generalfeldmarschall. Und das Sterben in den Straßen Stalingrads geht weiter.

Am 31. Jänner 1943 ist der Horror endlich zu Ende. Die Russen finden Paulus in einem stinkenden und verdreckten Kellerloch eines in Trümmern gebombten Stalingrader Kaufhauses. Er liegt apathisch auf einem Stahlrohrbett und erklärt sich zum Zivilisten, der mit all dem rund um ihn herum nichts zu tun hat ...

Hitlers wohl feigster General lässt sich zuerst von den Russen und später von den Kommunisten in der DDR instrumentalisieren. Am Nürnberger Prozess gegen die deutschen Kriegsverbrecher nimmt er dank russischer Hilfe nicht als Angeklagter, sondern als Zeuge teil. Er sagt das, was ihm die Russen eingebläut haben und belastet Hitlers Stellvertreter General Wilhelm Keitel und Generaloberst Alfred Jodl schwer. Beide werden 1946 wegen ihrer Kriegsverbrechen hingerichtet. Paulus hingegen lebt zuerst in Moskau und später in Dresden ein relativ luxuriöses Leben. Der Mann, der zehntausende junge Menschen in Stalingrad völlig sinnlos in den Tod geschickt hat, wird in den 50er Jahren vom DDR-Regime gefüttert und hofiert, weil er ganz nach der Propagandapfeife der SED (Sozialistische Einheitspartei Deutschlands) tanzt, so wie der Wendehals zuvor ganz nach der Pfeife der Nazis getanzt hat. Sein Wohl ist ihm stets wichtiger gewesen als das seiner Familie und hunderttausender Soldaten, die ihm unterstellt waren. Charakterlich ein echter Nazi.

Friedrich Paulus stirbt am 1. Februar 1957, genau 14 Jahre nach der Vernichtung seiner 6. Armee, an Nierenversagen. Von den rund 290.000 Soldaten (die Angaben schwanken zwischen 250.000 und 330.000), die Paulus in Stalingrad

kommandierte, kamen knapp 150.000 in den monatelangen
Kämpfen ums Leben. Rund 108.000 wurden gefangen genommen und in der Gefangenschaft zu harter Schwerarbeit
gezwungen. Von ihnen kamen bis 1956 nur etwa 5000 lebend
zurück, darunter auch mein Großvater, Josef Gelegs.

Das Glückskind Leonhard lebt acht Tage nach der Vernichtung der 6. Armee in Stalingrad irgendwo in Russland
ein Leben in Saus und Braus, wie er seiner lieben Mama
schreibt. Er hat genug zu essen, genug zu trinken und auch
(seine Edith darf's wohl nicht erfahren) reichlich Liebesle-
ben. Man könnte meinen, der brave Soldat Leonhard sei in
der Sowjetunion auf Urlaub:

O.U. 8.2.1943

Liebe Mama!
Heute wieder einige Zeilen, diesmal aber nicht so
viele wie sonst. Deinen lieben Brief vom 25.1.43
habe ich dankbar erhalten, es freut mich, dass
du die 2 Päckchen erhalten hast und damit Freude
hattest. Meine Position hat sich in jeder Weise
geändert.
Bin in einer größeren Stadt mehr südlich, O.K.W.-
Bericht [Anm.: Oberstes Kommando der Wehrmacht]. Bin
im Nachkommando und zuständig für sämtliches Kom-
paniegepäck. Mit mir sind noch 2 Kameraden zurück-
geblieben. Alle anderen sind heute Nacht nach vorne
verlegt worden. Obwohl ich nun nicht so viel an der
Front bin wie früher, so fühlt man den Krieg gegen
diese elenden Sowjets hier doch bedeutend mehr.
Natürlich habe ich bis hierher so manche Zwischen-
station gemacht, hier bleibe ich vorerst, wie lange,

weiß ich nicht, kann sein bloß Stunden, aber auch
Wochen. Hängt eben vom O.K.W.-Bericht ab.
Jetzt geht es mir mal wieder so richtig gut, kann
mal schlafen, so lange ich will, gegessen wird bei
den Schlachtereien der Kompanie, gesoffen und ge-
rammelt im Soldatenheim. Täglich Kino oder bunte
Bühne. Ansonsten ist es hier wie überall in diesem
gelobten Land. Es ist eine größere Stadt, aber genauso verwahrlost und dreckig, wie überall hier.
Sie zu schildern braucht mindestens 1o Seiten, daher
mach ich das besser mündlich.
Packerln kann ich dir, so gerne ich will, vorläufig
keine senden, jetzt könnte ich zwar noch und noch,
aber es gibt eine Sperre. Werde aber sehen, wie es
später noch sein wird. Vorläufig weiß ich auch nicht
Bescheid über Briefpost.
Nun wieder Schluss und keine Sorge, ich komme schon
durch,
dein dankbarer Sohn Leo

In den letzten Februar-Tagen des Jahres 1943 sorgt eine
Rede von Reichpropagandaminister Joseph Goebbels für
blankes Entsetzen unter all jenen Österreichern und Deutschen, die noch nicht von der Nazi-Propaganda ideologisch
verbohrt worden sind und sich zumindest heimlich im Kopf
eine kritische Distanz zur menschenverachtenden Ideologie
Nazideutschlands bewahrt haben. Nach der verheerenden
Niederlage in Stalingrad, der aussichtslosen Situation im Afrikafeldzug und den immer heftiger werdenden Bombenan-
griffen auf deutsche Städte dämmert vielen, dass der Krieg
wohl nicht so schnell, wenn überhaupt, gewonnen wird. Dem-

entsprechend schlecht ist die Stimmung im Land. Goebbels sieht die Zeit gekommen, die leidgeprüfte Bevölkerung auf den „Totalen Krieg" einzuschwören. Nach der irrsinnigen Ideologie der Nationalsozialisten darf es keine Kompromisse geben, keine Alternativen, es gibt nur Sieg oder Untergang. Diese Botschaft will Adolf Hitler aber nicht selbst überbringen, daher schickt er den für Propaganda zuständigen Minister Joseph Goebbels vor. Wie üblich wird die Inszenierung der Rede minutiös geplant. Als Schauplatz wird der Berliner Sportpalast gewählt, das Publikum fein säuberlich handverlesen. Geladen sind sämtliche Nazi-Bonzen von Hitler abwärts, Generäle, Admiräle, von allen Frontabschnitten Verwundete – aber nicht zu stark – und rund 14.000 einfache Bürgerinnen und Bürger, die genau wissen, was das Propagandaministerium von ihnen erwartet. Am 18. Februar 1943 um Punkt 17 Uhr humpelt Joseph Goebbels ans Rednerpult. Natürlich muss Hitlers „rechte Hand" mit dem Klumpfuß lügen. Er kann nicht einfach sagen, dass die 6. Armee in Stalingrad vernichtend geschlagen worden ist, dass das Oberkommando der Wehrmacht rund 150.000 Deutsche in den Tod getrieben hat, nein: Er muss lügen, und er muss die Lüge heroisch verpacken. Und so verwandelt er die kriegsentscheidende Niederlage in Stalingrad in einen moralischen Sieg. Goebbels sagt: „Stalingrad war und ist der große Alarmruf des Schicksals an die deutsche Nation. Ein Volk, das die Stärke besitzt, ein solches Unglück zu ertragen und auch zu überwinden, ja, daraus noch zusätzliche Kraft zu schöpfen, ist unbesiegbar!" – Und die Menschenmasse jubelt brav, so wie im Drehbuch des Propagandaministeriums vorgesehen. Dann warnt Goebbels in beschwörenden Worten vor dem Untergang des Abendlandes, das nur Hitlerdeutschland zu schützen vermag. Wie ein

Marktschreier animiert Goebbels das Publikum. Und mit fast kippender Stimme brüllt er schließlich zehn Fragen der Menschenmasse entgegen. Die vierte Frage ist die bekannteste: „Ich frage euch: wollt ihr den totalen Krieg? Wollt ihr ihn, wenn nötig, totaler und radikaler, als wir ihn uns heute überhaupt noch vorstellen können?" Und 14.000 Menschen grölen wie aus einer Kehle: „JAAAA!"

In dieser Zeit ist vor allem das Ruhrgebiet Ziel heftiger Bombenangriffe der Royal Air Force. Schon bald kursiert ein Flüsterwitz unter der leidgeprüften Bevölkerung:

Lieber Tommy, fliege weiter,
wir sind hier nur Bergarbeiter,
fliege weiter nach Berlin,
die haben alle „JAAA" geschrien!

„Alles dem Endsieg unterordnen!" – Daher werden in den folgenden Wochen Frauen in den Kriegsdienst gestellt. Sie müssen hauptsächlich an den Fließbändern der Rüstungsindustrie arbeiten. Betroffen sind nicht nur Friseurinnen, Verkäuferinnen oder Hausfrauen, betroffen sind so ziemlich alle. Auch prominente Künstlerinnen, wie etwa die damals schon populäre Opern- und Operettensängerin Anneliese Rothenberger. Sie darf nicht mehr auftreten und muss in einer Weißblechfabrik in Weißenthurm in Rheinland-Pfalz arbeiten. Ausgenommen sind nur jene Künstler, die von den Nazis auf eine „Begnadeten-Liste" gesetzt worden sind.

Schetty hat Glück, sie kann unbehelligt als Buchhalterin einer großen Firma weiterarbeiten, weil ihr Arbeitgeber gute Beziehungen zum Wiener Reichsstatthalter Baldur von Schirach unterhält. Auch Leonhards Ehefrau Edith muss nicht ans Fließband einer Munitionsfabrik, weil sie ja schon indi-

rekt für den „Endsieg" arbeitet – sie ist in jener Magistratsabteilung tätig, die den Bau der Wiener Flaktürme überwacht.
Und die „liebe Mama" ist mit knapp 70 Jahren zu alt. Leonhard hat von Goebbels' Rede im Berliner Sportpalast nichts
mitbekommen. Er und seine Einheit haben die Rote Armee
auf den Fersen und sind auf dem Rückzug. Leonhards Kompanie dürfte sich in Ost-Polen niedergelassen haben. Zumindest lässt sich das aus seinem Brief an seine Schwester Schetty
herauslesen. Er schreibt, dass er „Starosta" eines Dorfes werde. „Starosta" ist Polnisch und heißt Bürgermeister:

O.U., 3.3.1943

Liebe Jetty!

Heute erhielt ich dankend deinen lieben Brief vom
27.1.43. Ebenso auch dein Zigarettenpaket mit den
40 Sport. Besten Dank dafür!

Du bist sicherlich erstaunt, dass diesmal die Post
so lange gedauert hat, obwohl von Edith die Post
schon nach 7 Tagen bei mir eintrifft, die früher 12-
14 Tage brauchte. Ja, infolge der Feindeinwirkungen
ist eben mal die oder jene Post zurückgehalten worden und wird eben jetzt nachgesandt. Ich bin also,
nachdem ich nun fast 4 Wochen „Restkommando" mit
dem ganzen Kompanie-Gepäck in einer größeren Stadt
gemacht habe, nun wieder zu meinem alten Haufen
nachgeholt worden und gleich wieder als „Schreib-
tischbulle" eingesetzt worden.

Voraussichtlich werde ich in den nächsten Tagen auch
noch der „Starosta" - der Bürgermeister von diesem
Nest und dann für die Schlammperiode wieder Straßenbaumeister. Ich habe wieder ein Tätigkeitsfeld

von allerwertestem Range. Bin auch gar nicht böse
darüber, da es nun nach 2 Tagen Tauwetter wieder
kälter geworden ist. Hier hat jedenfalls der Russe
bis vor wenigen Tagen schwer gedrückt, das sieht
man schon an den entlang der Straße liegenden Panzern und an den noch zu grotesken Formen gefrorenen
Russenleichen. Zum Beerdigen war noch keine Zeit.
Wollen bloß hoffen, dass hier der Russe infolge
seiner schweren Verluste seine immer neu angesetz-
ten Angriffe aufgibt. Ab und zu knallt oder bummst
es hier noch, aber das stört uns kaum. Mehr kann ja
nicht passieren, als dass er uns mal wieder überraschend besucht, was wir ja rechtzeitig erfahren,
auch wenn er bloß ca. 1o km von uns entfernt liegt.
Dann zünden wir eben alles an. Denke aber, dass nun
das Ärgste von der Winterabwehrschlacht überstanden
ist und wir bald wieder zur Offensive übergehen können. Heuer muss der Russe fertiggemacht werden, mit
der letzten Kraft, die wir vielleicht noch haben.
Wer den Bolschewiken nicht kennengelernt hat, weiß
gar nicht, was das für Tiere sind. Wenn sich die
in Wien niederlassen würden - nicht auszudenken!
Und dass ich mich schon durchschlage, keine Sorge,
den Kommiss habe ich schon zur Genüge kennengelernt.
Jedenfalls nur nicht überarbeiten.
Es gibt natürlich noch so vieles zu berichten, aber
ich kann nicht alles schreiben.
Autos und Panjekolonnen haben wir ja nun auch, da
wird fleißig gefahren. Was alles, kannst du dir
ja denken, auf alle Fälle ist bei uns ein überaus
kriegswichtiger Betrieb allersten Ranges im Gange.

Wenn jemand nicht weiß, wo er arbeiten soll, dem kann ich hier ein nettes „Amterl" verschaffen! Morgen gehe ich sowieso die Ortseinwohner und -wohnerinnen verhaften. Das heißt, Arbeitsbeschaffungsprogramm: morgens Wasser holen, auskehren etc., mittags Essen holen und dann „Geschirr" abwaschen, Wäsche waschen etc. Ja, für solche Arbeiten haben wir nicht auch noch Zeit. Dieses faule, dreckige Lumpenpack soll auch etwas machen. Selbstverständlich gibt's noch immer Schneeschaufelkommandos.

Heute habe ich mich vor allem erst einmal häuslich eingerichtet und mein Geschäftszimmer aufgeschlagen. Und ein „Bett" habe ich auch sogar, sehr zum Leidwesen vieler Kameraden, aber wer hat, der hat! Ein Eisenbett, zusammenlegbar. Leider nur Kindergröße für 1o-Jährige! Aber ich weiß mir zu helfen, habe ganz einfach 2 von diesen Eisensprießeln mit der Drahtschere abgezwickt. Durch das Loch streck ich meine „Elfer" und leg sie auf ein kleines Stockerl, dass zur Verlängerung dient.

Ich muss manchmal lachen, wie viele dumme Landser es gibt. Kommt also so ein Landser von ganz vorne mit 3 Kühen und fragt mich nach der Viehsammelstelle! Ja, wo soll die bloß sein, fragt er? Natürlich bei mir, sag ich - siehste nicht das Schild? Nee, ach so ja, noch nicht angebracht, weil wir gerade beim Einziehen sind, aber nur her mit den 3 Kühen. Und schon haben wir hier frische Milch, solange wir hier liegen! So ungefähr geht's hier zu, einer beschwindelt den anderen und wer manchmal nicht auf der Höhe ist, ja dem kann's schon mal schlecht ergehen.

Organisation und organisieren muss hier in einem
anderen Maßstab angelegt werden, als in der Heimat.
Zum Rauchen habe ich vorläufig genügend, wie ich
das wieder gemacht habe, kann ich dir leider nicht
schreiben. Bitte jede Sendung zurückzubehalten, heb
es mir lieber auf, bis ich wieder auf Urlaub komme.
Wann? Ja, das weiß der liebe Gott. Vorläufig noch
lange nicht, außer ich kann mal was deichseln. Meine
Zähne sind sowieso sehr, sehr schlecht. Käme mir auf
einen Backenzahn weniger nicht an, wenn der infolge
Überbeanspruchung ausbricht. Das kann sehr leicht
der Fall sein, dann habe ich im ganzen Unterkiefer
keinen einzigen Backenzahn und ich kann tatsächlich
keinen Bissen Brot mehr zu mir nehmen! Da steht's
bei mir endgültig und werde ja sehen, wie ich das
dann machen werde.
Einige Kameraden von uns sind schon wieder in Dresden gelandet, es gab hier einige Tage, an denen die
Lazarettzüge gleich bis in Altreich geleitet wurden. Na, da bleib ich lieber gesund in diesem elenden Russland, als verwundet nach Hause zu kommen.
Hätten wir bloß eine Schreibmaschine, meine Briefe
würden an Länge den deinen nicht nachstehen! Wegen
Mamas Schmerzen im Knie werde ich mal hier zum Sani
gehen, der hat für alles Pillen, welche helfen.
Vielleicht helfen sie auch Mama. Jedenfalls schaden können sie nicht und dem schwindle ich schon
was vor. Schicke dir dieselben dann in den nächsten
Tagen.
Mein Gewehr habe ich auch beiseitegelegt, habe nun
etwas Besseres! Nettes Spielzeug, da kann ich im

Notfall gleich eine halbe Kompanie umlegen in einigen Sekunden! Und dabei leichter und kleiner als so ein „Schießgewehr". Natürlich für den Hosensack ist's noch zu groß. Jedenfalls erhöht es aber das „Sicherheitsgefühl".

So, nun wieder Schluss für heute, lasse Mama baldige Besserung ausrichten, dass es bald besser wird mit dem Knie. Verflixte Geschichte, gerade jetzt im Krieg mit dem Anstellen. Wird aber auch wieder gut werden, nur nicht den Kopf hängen lassen! Heute muss man gerade zum Trotz durchhalten!

So und jetzt grüßt dich mit einem Bussi und auch eines an Mama (Zwickerbussi)
dein dankbares Brüderlein Leo

Der Ehrgeiz des jungen Soldaten Leonhard Wohlschläger, in der Militärhierarchie aufzusteigen, zeigt im Frühjahr 1943 erste kleine Erfolge. Er darf den Posten eines Unteroffiziers übernehmen, darf also die Arbeit tun, die dazugehörige Beförderung wird ihm aber nur in Aussicht gestellt. Er bleibt im Rang eines Obergefreiten. Das stört Leonhard vorerst nicht. Er fühlt sich so gut wie befördert, fühlt sich im Range eines Unteroffiziers, wie er seiner Mutter schreibt:

O.U. 7.3.1943

Liebe Mama,

ein neuer Versetzungsbefehl ist herausgekommen, es kann sein, dass mein Jahrgang wieder versetzt wird und wieder in den Osten zieht. Macht auch nichts, vordrängen tue ich mich aber nicht, was einem bestimmt ist, dem kann man sowieso nicht

173

entgehen. Hier waren überall schon mal die Russen,
daher gibt's auch fast nichts zum Organisieren. Die
Schlammperiode ist auch in ihrer besten Zeit, wenn
wir abends vom Einsatzfahren zurückkommen, gleichen
wir nur mehr lebenden Schlamm- und Lehmpatzen. Dabei habe ich es ja nun als Uffz. (= Unteroffizier)
bedeutend besser als die anderen, wohl dafür aber
auch viel mehr Verantwortung.
So, nun wieder Schluss, habe keine Sorge um mich,
ich schlage mich schon durch, es grüßt dich und
Jetty dein dankbarer Sohn Leo
Abs: Luftfeldpost, L. Wohlschläger Uffz.-Fp-Nr.
43877

Im März 1943 verebbt langsam aber sicher das Kulturleben
in Österreich. Nach und nach bekommen zuerst kleinere
Bühnen, mit Fortdauer des Kriegs auch große Theater vom
Reichskulturministerium eine Stilllegungsverfügung zugestellt, in der die Direktion aufgefordert wird, den Spielbetrieb
einzustellen. So etwa ordnet Hitler an, dass die Salzburger
Festspiele im Sommer 1943 nicht abgehalten werden dürfen. Ein Jahr später sind in Wien so ziemlich alle Theater,
Kabaretts und Schauspielschulen geschlossen, darunter die
Volksoper. Auch die Wiener Symphoniker dürfen nicht mehr
auftreten. Die von den Schließungen betroffenen Schauspie-
ler, Sänger und Musiker müssen einrücken. Begründet wird
die im Volksmund „Theatersperre" genannte Maßnahme mit
dem „Totalen Kriegseinsatz" der Künstler und Kulturschaf-
fenden. Verschont bleiben nur das Wiener Konzerthaus und
die Wiener Philharmoniker. Leonhard hat in dieser Zeit ohnehin andere Sorgen als geschlossene Theater und Konzert-

säle. Er kämpft an der Ostfront wieder mit heftiger Feindberührung. Aus Wien erfährt er, dass bereits einige seiner
Freunde die Karriereleiter in der Wehrmacht emporgestie-
gen sind. Das ärgert den ehrgeizigen Soldaten Leonhard, weil
er selbst nicht weiterkommt:

O.U. 27.3.1943

Liebe Mama!

Deinen lieben Brief und Jettys Zeilen habe ich schon
vor einigen Tagen dankend erhalten. Eure Zigaret-
tenpäckchen auch, habe dies ja auch schon in meinem
letzten Brief bestätigt. Die Post dauert halt etwas
lang und so haben sich unsere Briefe wahrscheinlich
gekreuzt.

Wie ich dir schon geschrieben habe, bin ich nun
schon bald wieder ein ganzes Monat von dieser „herrlichen" Stadt weg, wie ja alles hier sooo herrlich
ist. Gerade noch rechtzeitig, denn am folgenden
Tage ging's auch dort los mit den Fliegern. Wohl
bin ich hier, bis auf den ganz interessanten Süden
im Osten am weitesten östlich obendrauf noch an der
Bahn, die täglich von russischer Artillerie und
von Fliegern angegriffen wird, doch bin ich das ja
schon gewöhnt und im Grunde genommen ist es auch
gar nicht so gefährlich.

Allerdings schießen wir aus allen Rohren nach diesen
Russkis. Wäre ganz nett, wenn ich einen runterholen
könnte, wegen der 2o Tage Sonderurlaub, aber fast
unmöglich, selbst wenn ich treffe, auch die Flugzeuge sind von unten her gut gepanzert. Ansonsten
hat sich hier die Front, gegen früher, ca. 4–8 km

von hier entfernt, sehr beruhigt, sodass es wieder
Urlaub gibt. Allerdings muss ich noch lange warten,
vielleicht im Sommer.
Augenblicklich leben wir auch noch ganz gut. Tagsüber ist alles unsichtbar, nachts wird dann immer
gefahren. Ich selbst bin wieder 1. Schreiber, nur
mit dem Unterschied, dass wir jetzt an die 1oo Mann
stark sind, gegen früher 2o Manderln. Autos haben
wir auch, alte Schinken. Bin aber ausschließlich am
Schreiben, trotz der vielen Arbeit geht es mir aber
ganz gut, immer reine Hände, gegenüber den anderen
Kameraden. Mein Kinderbett habe ich auch noch, ging
allerdings schon mit der Lötlampe in den Kampf,
sonst hätte mich, oder das Bett, das Ungeziefer
schon fortgetragen.
Dass einer von unseren Bekannten gefallen ist, kein
Wunder. Habe hier schon viele meiner Kameraden am
Heldenfriedhof besucht.
Herbert Simecek ist Oberleutnant geworden. Na, man
muss eben am richtigen Strang ziehen, dann geht's
von selbst, überhaupt bei der Luftwaffe. Aber Ris-
tonius schon Major? Na, du kannst dir nicht vorstellen, was ein Major ist, welche Macht der hat,
weiß der Teufel, wie das zugeht! Jedenfalls ganz
gewiss „besondere Verdienste“.
Wenn Hugo und Karl schon Uffz. sind, dann haben die
eben mehr Glück beim Kommiss als ich. Ich bin gerade
in einem Haufen, da fehlen z.B. 6 Uffz.-Planstellen,
aber denkst, bei uns wird einer befördert? Nicht um
ein Eckhaus! Wohl bekleide ich schon längst einen
Uffz.-Posten, aber befördern, weit weg, höchstens,

dass mal hier einer Obgfr. oder Gefr. oder O.Sold.
wird, höher nicht. Ein fertig studierter Bau-Ing.
hat z.B. die Ehre, „Putz" zu sein! Da kann man nur
sagen „na ladna" (auch recht). Habe auch Prüfungen
abgelegt, voriges Jahr, ohne die kann man gar nicht
weiter befördert werden, und es kommt doch immer
wieder vor, dass andere, die nicht so lange dienen
wie ich, eher und ohne Prüfung befördert werden. Ja,
Kunsthochradfahren müsste man können. Was hilft mir
da mein ganzer K.O.B.- (Kriegs-Offz.-Bewerber) Akt,
wenn der nicht und nicht trotz bestandener Prüfungen
erledigt wird. Es kommt halt viel am Kp.-Chef an und
so weiter. Hier kannst du nur der Landser bleiben.
Und nochmals „na ladna", ich strenge mich auch gar
nicht mehr an, ich mache mir auch gar nichts draus
- zu verpflichten, oder freiwillig an die Front als
Schütze A----. Als ich einmal Beschwerde führte,
dass ich es weiterbringen möchte, bekam ich zur
Antwort: „jeder Landser trägt den Marschallstab im
Ranzen! Jeder erfüllt dort seine Pflicht, wo ihn
der Führer hingestellt hat." Infolgedessen: warum
jetzt freiwillig? Obwohl ich fest davon überzeugt
bin, dass wir alle noch vorne antanzen, und trotzdem
werde ich immer zurückgehalten, so lange es halt
geht, vor Versetzung verschont. In meiner Beurtei-
lung steht: „mein Geist ist sehr rege", aber von
Befördertwerden will niemand was wissen. Na ladna,
ich mache mir nichts draus, die Schreibarbeit macht
mir keine Mühe, den Winter habe ich gut überstanden
und zwischendurch rauche ich dicke Zigarren und bin
von allem Mist befreit.

177

Jetzt beginnt die Schlammperiode, ein herrliches, gottvolles Land, bin froh, dass ich kein Auto habe, dafür im Stalle ein 1-jähriges Kalb, 3 Hühner und im Keller 1 Fass Salzgurken, 4 Sack Kartoschki. Was die Küche kocht, ist mir im Augenblick ganz egal! Hauptsache ist: Ich komme durch, die Sonne lacht mich an und daheim wächst mein Bankkonto. Nach dem Kriege werden wir mal weitergucken, mit gesunden, vollzähligen Gliedern. Wäre gelacht, wenn wir uns dann nicht noch schöne Tage machen können! Mit dem Ritterkreuz etc. kann ich auch nicht Riesenschritte unternehmen. Was einem bestimmt ist, dem kommt man sowieso nicht aus, und eine Krawatte um den Hals ist auch ganz schön, den Zauber der Montur habe ich nicht nötig, hab ja schon eine Frau, was brauche ich noch mehr, und wenn ich wollte oder will, gibt's nachher 1oe an jedem Finger, obendrauf, wenn man alle seine Glieder hat.
Freilich, schön wär's, Offizier zu werden, nicht immer den kleinen Mann hier spielen müssen, die Ohren halte ich deshalb schon sehr steif, aber wenn's nichts damit ist oder wird, na ladna.
So, nun wieder Schluss, lasse Jetty schön grüßen von mir und Bussi von mir an meine liebe Mama
dein dankbarer Sohn Leo

In Wien leidet die „liebe Mama" unter ihrem kaputten Knie. Sie hat Schmerzen und kann an manchen Tagen kaum gehen. Die Ärzte haben sie zwar operiert und sagen, alles in ihrer Macht getan zu haben, aber eine Besserung ist seit ihrem unglücklichen Sturz kaum eingetreten. Der Hausarzt

meint, dass sie eine Therapie benötigen würde, die aber im
Frühjahr 1943 nicht zu bekommen ist. Leonhard ist über den
schlechten Gesundheitszustand seiner Mutter informiert und
bemüht sich, mit Medikamenten zu helfen, die eigentlich für
die Soldaten an der Front bestimmt sind. An seine Schwester
schreibt er:

O.U., 28.4.1943

Liebe Jetty!
Gestern habe ich deinen lieben Brief vom 8.4. dankend erhalten. Es freut mich zu hören, dass es euch
beiden so halbwegs gut geht. Das mit Mamas Salbe,
war natürlich recht wenig, aber mehr konnte ich
nicht auftreiben und wer weiß, wann überhaupt mal
wieder „soviel" zu bekommen ist. Wir haben wohl
einen „Sani-Uffz.", der allerdings zu der Sorte
Menschen gehört, die sich „Bazillentöter" nennen
und daher alles mit Alkohol, meistens Russenfusel,
töten. (Vom Zivilberuf Tischler!)
Wir haben hier täglich Fliegerangriffe mit Bomben-
abwurf und Bodenwaffenbeschuss. Erst gestern in der
Früh sind wieder 12 Stück hier eingeschlagen, zum
„Wecken" haben sie uns 1 Pferd getötet, 2 verwundet, einige Häuser durchlöchert, aber sonst nichts
passiert. Liegen nun wieder in diesem Nest, wo meine
Kompanie schon seit Februar ist, nachdem wir die
letzten 14 Tage etwa 5o km zurückgegangen sind. Bloß
verlegt natürlich. Von hier ist es gar nicht mehr
weit zu den Roten, ein ganz kleiner Spaziergang.
Wie lange dies so weitergeht? Ja, wer weiß das? X-
mal wollten sie mich als 12-er Jahrgang schon ganz

nach vorne versetzen, aber jedes Mal dieselbe Frage:
Wen setzen wir an seine Stelle? Mein Glück, dass
hier in der Kompanie alle solche Dusseln sind! Und
dann die Neueinarbeitung, den militärischen Rhabar-
ber. - Bleib'ma halt dabei und schreib'ma halt für
die anderen die Einsatzbefehle.
Zu essen haben wir genug. Esse oft an einem Abend
mehr Fleisch und Fett, als du die ganze Woche. Außerdem kriegen wir erhöhten Verpflegungsschnaps und
Marketendereiwaren (wie die kämpferischen Truppen),
da könnt ihr nicht mit. Manchmal denke ich, es ist
eine Sünde, was wir hier fressen und saufen und die
Heimat hat nicht mal einen Bruchteil dessen. Habe
dir vorige Woche mal wieder eine Dose Rindfleisch
geschickt. Hoffentlich kommt sie an. Es ist halt
schlecht, ganze Dosen sind so gut wie nicht zu
bekommen und halbe, offene, hat keinen Zweck zu
schicken, wird ja schlecht. Obendrauf ist es verboten, Militärverpflegung nach Hause zu schicken,
ich meine, ganze Fleischkonserven, etc. Nächstens
kriegst mal Ölsardinen. Obendrauf muss ich ja meinem
Frauchen auch was schicken.
Jetzt fällt mir grad ein, wenn ich am Kochen bin,
lache nicht, es ist zum essen und die paar Kameraden, die ich kosten lasse, sind alle voll des Lo-
bes, z.B. Wr. Gulasch oder Schnitzel etc., schade,
dass ich früher nicht mehr der Mama auf die Finger
geguckt habe, siehst, alles kann man brauchen, dann
muss ich oft ganz intensiv an Mama denken, an unsere Küche und mir das alles bildlich vorstellen,
wie es eben damals war. Eigentlich komisch, als

3o-Jähriger so seine „Kindheitserinnerungen" aufzu-
frischen und wenn ich die Zeit zurückrufen könnte,
gerne, gerne würde ich es tun!
Passe mir gut auf Mama auf, ich überweise dir sofort RM 1oo mache damit Mama zum Muttertag von mir
eine Freude.
Nun wieder Schluss, bleibt auch alle beide gesund
und guter Dinge, es grüßt dich und Mama dein Brüderlein Leo

Im Sommer 1943 bekommt Leonhard wieder Urlaub, den er
in Wien bei seiner Frau Edith und natürlich bei seiner Mutter
verbringt. Mitte Juli muss er wieder zurück zu seiner Einheit.
Kaum dort angekommen, schildert er seiner Mutter seine
achttägige Reise zurück an die Ostfront. Den Brief schickt er
aber nicht mit der allgemeinen Feldpost, sondern er gibt sein
Schreiben einem Kameraden mit, der auf Urlaub nach Wien
fährt und verspricht, den Brief persönlich zu überbringen.
Daher braucht Leonhard die Zensur nicht zu fürchten und
so schreibt er, was er eigentlich gar nicht schreiben dürfte,
nämlich, wo er sich mit seiner Einheit befindet, er beschreibt
die Front, die Kämpfe und er berichtet über Verluste:

O.U., 25.7.1943

Liebe Mama!
Gestern bin ich mit vielen Schwierigkeiten wieder
bei meiner Kompanie angelangt. Ich schreibe dir
diesen Brief schnell und gebe ihn einem Urlauber
mit, dem 2. Wiener und Ostmärker hier in unserer
der Kompanie, der zufälligerweise morgen auf Urlaub
nach Wien fährt.

Dafür kann ich dir diesmal auch etwas genauer berichten.

Also die Fahrt war allerhand, 1oo.ooo-mal umsteigen, denn der für mich vorgesehene Zug ging schon ab Wien nicht mehr. Bin dann erst nachmittags vom Nordbahnhof aus abgefahren. Von Brjansk [Anm.: Stadt in Russland, knapp 400 km südwestlich von Moskau] dann nur mehr per Lastauto, ebenfalls sehr oft umgestiegen, da die Bahn bereits unterbrochen war, also hieß es vorerst 1o km nach Orjol so durchschlagen. Durfte mich dabei aber nirgends sehen lassen, keine Frontleitstelle etc. melden, sonst hätten sie mich gleich geschnappt und irgendwo nach vorne mit in den Kampf geworfen. Zufälligerweise traf ich auf der Rollbahn einen von unserer Kompanie, der mir annähernd verraten konnte, wo die jetzt liegen. Na, ich kann dir sagen, da und dort auf irgendeinem Gefechtsstand, Meldekopf usw. nach diesen kleinen Nestern nachfragen, auf die Karte gucken und so bin ich nun hier eingetroffen, nach genau 8 Tagen. Verluste haben wir bis jetzt (unsere Kp.) keine gehabt. Doch mussten auch wir einige Mann wieder zur kämpfenden Truppe abstellen, da vorne viele ausfielen oder verwundet wurden. Beinahe hätte ich meinen Haufen ja nicht mehr gefunden. Vorgestern waren wieder russische Panzer durchgebrochen und hatten einige kleine Dörfer eingekesselt, in denen u.a. auch Kameraden meiner Kp. lagen. Ist aber auch noch einmal gutgegangen.

Von hier aus kann man die Front (wir sind wieder etwas zurückgegangen) am Horizont schon sehen, hören selbstverständlich. Wir liegen an der Wolchow-

Front. Die Stadt selbst war vorgestern schon in
den Händen der Russen, wurde alles gesprengt, aber
seit gestern Nachmittag wieder zurückerobert von
uns. Der ganze Himmel war rot. Augenblicklich ist
es hier wieder etwas ruhiger. Trotzdem wird Orjol
voraussichtshalber geräumt. Selbstverständlich ist
hier ein Betrieb, das kann man nicht schildern. Ist
nichts für Frauen.

Angekommen und Arbeit über Arbeit. Muss sehr viel
vom vergangenen Monat nacharbeiten, meine Vertretung hat fast nichts gemacht, der Oberfeldwebel
auch nichts, auch kein Wunder, es wurde ja zum Teil
mehr geschossen als mit Bleistift Krieg geführt.
Natürlich wurde ich gleich mit gebratenen Hühnern
und Hallo empfangen. Jetzt ist es ja nicht so genau, die Zivilbevölkerung ist größtenteils evaku-
iert und all das herrenlose Vieh gehört uns. Es
unterliegt unserer Kontrolle! Heute gibt's gerade
Marketenderwaren, Zigaretten, Schnaps – Sonderzu-
teilung etc., also auch in dieser Hinsicht sofort
wieder bewegte Einsatztage. Gerade recht, um sich
wieder umzustellen, einzuleben in diese russischen
Verhältnisse. Läuse habe ich noch keine. 2 km weiter vorne entsteht bei einer zerschossenen Kirche
ein Heldenfriedhof – Allerhand! Aber der Russe hat
Verluste – unvorstellbar! Die Abschussziffern der
Panzer dürften stimmen!

Augenblicklich haben wir nun unter vereinzelten
russischen Tieffliegerangriffen zu leiden, die so
überraschend kommen, dass man nun Glück haben muss,
um nicht noch eins abzukriegen.

Und nun, liebe Mama, wie geht es dir? Bist du schon
ganz gesund? Und was macht Schetti? Hoffentlich
geht's euch beiden wieder besser und wird sich wieder alles zum Alten finden.
Nun wieder Schluss, du siehst an meiner Schmierage,
wenig Zeit, viel erleben und sonst noch allerhand,
viele Grüße und Bussi dein dankbarer Leo

Vorwärts zum Rückzug

Die Wolchow ist ein Fluss in Nordwest-Russland zwischen St. Petersburg (bis 1991 Leningrad) und Moskau. Ab Dezember 1941 ist der Fluss zwischen der Deutschen Wehrmacht und der Roten Armee heiß umkämpft. Immer wieder versuchen die Russen die Front zu durchbrechen, um so den deutschen Stellungsriegel um Leningrad knacken zu können. Am 22. Juli 1943 beginnt die Rote Armee eine Offensive gegen die deutschen Stellungen entlang der Wolchow-Front. Ihr Ziel ist es, die Bahnverbindung nach Leningrad zurückzuerobern, um die zweitgrößte Stadt Russlands auch über den Landweg versorgen zu können. Leningrad ist landseitig von den Deutschen abgeriegelt. Leonhard erreicht seine Einheit, als die Kämpfe südlich des Ladogasees in vollem Gange sind. Die Rote Armee ist erfolgreich. Die Truppen der deutschen Heeresgruppe Nord werden im Spätsommer 1943 Kilometer für Kilometer zurückgedrängt. Und die Deutschen hinterlassen auf ihrem Rückzug verbrannte Erde, wie Leonhard unverblümt schreibt:

Liebe Mama!

Heute mal wieder einige wenige kurze Zeilen. Wir
sind in der Zwischenzeit schon x-mal nach Westen
verlegt worden und morgen abermals. Jede Woche 2-3
Mal. Sehen aus wie die Rauchfangkehrer. Heute zünden wir Kornfelder an, alles wird vernichtet und
verbrannt, gesprengt oder vermint. Nichts Ganzes
fällt den Russen in die Hände. Es ist schaurig-schön
und ein eigentümliches Gefühl, ungestraft Häuser
in Brand stecken zu dürfen, Kühe zu nehmen, wie es
einem gerade einfällt usw. Am Geflügel habe ich mich
schon satt gegessen.
Nun bin ich vertretungsweise Rechnungsführer geworden, es geht mir nun die 4 Wochen noch besser. Einen neuen Kompanie-Führer haben wir auch bekommen,
einen jungen Leutnant. Neue Besen kehren gut! Gott
sei Dank habe ich eigentlich einen selbstständigen
Posten, wo er mir nichts dreinbefehlen kann. Und
so wandern wir wie die Zigeuner immer mehr nach
Westen. Der Boden hier ist auch sehr riskant. Ein
zweites Stalingrad kann passieren, wenn wir nicht
zurückgehen. Was wird noch alles kommen? Trotzdem,
unsere Stimmung ist gut, obwohl nervös, so doch
zuversichtlich.
Man kann das hier nicht schildern mit Worten, ich
glaube oft bald meinen Augen nicht mehr.
Und wie geht's dir und Jetty? Bist du nun wieder
gesund? Kannst schon spazieren gehen?
Nun kommt mir mein Urlaub vor wie ein Traum, kann's
gar nicht fassen, dass ich bei euch war! Wann wie-

der? Hoffentlich recht bald, und nun wieder Schluss,
es grüßt und küsst dich und Jetty dein dankbarer
Sohn Leo

Der Luftangriff auf Wiener Neustadt am 13. August 1943
ist der erste von insgesamt knapp 300 auf österreichischem
Gebiet. Die „Ostmark" lag bisher außerhalb der Reichweite
amerikanischer oder britischer Kampfflieger. Doch mit der
deutschen Niederlage im Afrikafeldzug ist den Alliierten auch
der Militärflugplatz in Bengasi in Libyen in die Hände gefallen. Von dort sind es knapp 1500 Kilometer bis nach Österreich, die in einer Flugzeit von rund viereinhalb Stunden zu
bewältigen sind.

Drei Tage vor dem ersten Bombenangriff auf eine österreichische Stadt schreibt Leonhard also wieder einen Brief an
seine Mutter, der es gesundheitlich nicht gut geht. Die liebe
Mama muss abermals am Knie operiert werden. Ohne Krücken kann sie nicht mehr gehen. Und auch das Herz macht
ihr wieder zu schaffen. Schon seit Jahren leidet sie unter
Herzrhythmusstörungen, die jetzt wieder schlimmer geworden sind, weil sie im Wien des Jahres 1943 nur sehr unregelmäßig Medikamente bekommt. Die Knieoperation verläuft
gut. Sorgen bereitet den Ärzten ihr Herz. Leonhards Mama
freut sich dennoch. Und zwar über das Glück ihres Sohnes,
nicht an die lebensgefährliche Front zur hart kämpfenden
Truppe vorrücken zu müssen:

O.U. 19.9.1943

Liebe Mama!
Habe dir nun schon lange nicht mehr geschrieben,
es kommt eben immer etwas dazwischen. Hoffe, dass

du dich nun schon recht gut erholt hast, nun wieder
laufen kannst und dich wohl fühlst.
Ich bin nun mal wieder versetzt worden, meine neue
Feldpost-Nr. ist jetzt 43877. Bin wieder in einer
Nachschub-Kompanie, bei der ich nun Rechnungsführer
bin. In der letzten Zeit gab es sehr viele Versetzungen, alle nach vorne. Ich blieb als einziger
„Jüngerer" immer noch bei meinem alten Haufen und
vertrete dort den beurlaubten Rechnungsführer. Und
dies ist mein Glück. Meine Versetzung als Lkw-Fahrer zum Gefechtstross (Munitionsfahrer ganz vorne)
stand bereits fest, hatte schon einen Wagen und
wäre als junger Jahrgang sicher wieder noch weiter
vorne eingesetzt worden, so wie es bis jetzt allen
anderen auch ergangen ist. Aber als ich im letzten
Augenblick, anlässlich einer unverhofften Kontrolle
des Oberzahlmeisters, von Selbigem als „Rechnungs-
Genie" entdeckt wurde, kam alles anders: meine Versetzung wurde rückgängig gemacht.
Nun sitze ich hier und zahle Sold aus etc. Es gibt
sehr viele Rechnereien und Listen, ungeheurer Papierkrieg etc., doch das ist immerhin eine unab-
hängige, selbstständige Stelle und damit bin ich
zufrieden. Bis ich mal, in ca. 14 Tagen, den alten
verschlampten Mist hier aufgearbeitet habe, werde
ich mich schon ganz gemütlich einrichten. Schade
bloß, hier gibt's keine Autos, nur Pferde, da kommt
man nicht vom Fleck, alles so langsam. Bei O. liegen
wir schon lange nicht mehr, und da, wo wir jetzt
sind, bleiben wir auch nur noch ein paar Tage, dann
geht es auch von hier weiter zurück.

Was sagst du zu Italien? Ob der Krieg noch lange dauert? Jedenfalls bin ich hier, dank meiner Initiative, bald wieder mit Urlaub dran und das freut mich natürlich schon jetzt am meisten, außerdem kann ich jetzt auch nicht mehr so über Nacht versetzt werden, so schnell gibt's hier keinen Ersatz für mich mehr. Auch hier bin ich fast der Jüngste. Die Kameraden sind ganz nett, kein Wunder, kann mir ja keiner mehr was befehlen, außer der Oberzahlmeister. Im Gegenteil: Ich bestimme jetzt, wer z.B. eine neue Hose kriegt und Socken etc., auch das gehört zu meinem Ressort.

Im Übrigen erhoffe ich bald meine Beförderung zum Uffz. und denke dann in dieser Position das Kriegsende erwarten zu können. Wenn's auch hier manchmal bummst, macht nichts, das sind wir ja alle schon gewöhnt. Es ist hier lange nicht so schlimm wie vorne am oder im Graben. Außerdem steht der Winter vor der Türe und am „Schreibtisch" sitzen behagt mir wesentlich mehr. Weißt ja, was ich meine!

So nun wieder Schluss, viele Grüße auch an Jetty und Bussi dein dankbarer Sohn Leo

Am 10. Juli 1943 leiten die alliierten Streitkräfte eine kriegsentscheidende Phase ein, die auch militärische Konsequenzen für Österreich hat. Britisch-amerikanisch-kanadische Truppen landen auf Sizilien, im Golf von Gela und südlich von Syrakus. Nach anfangs heftiger Gegenwehr italienischer und deutscher Verbände gelingt den Alliierten aber recht rasch die Eroberung der sizilianischen Hauptstadt Palermo. Die Einnahme Siziliens dauert knapp vier Wochen. In dieser Zeit überstürzen sich in Rom die politischen Ereignisse. Schon am 24. Juli, zwei Wochen nach der Landung der Alliierten auf Sizilien, wird der faschistische Diktator und Verbündete Hitlers, Benito Mussolini abgesetzt und durch Marschall Pietro Badoglio ersetzt, der sofort Waffenstillstandsverhandlungen mit den Alliierten beginnt. Am 3. September schließt Marschall Badoglio einen Waffenstillstand, worauf britische Truppen bei Reggio Calabria landen, genau an der Spitze des „italienischen Stiefels", und die 5. US-Armee auf dem Festland in Salerno, 270 Kilometer südöstlich von Rom. Die deutsche Wehrmacht reagiert auf den Waffenstillstand zwischen Italien und den Alliierten mit der sofortigen Entwaffnung der italienischen Armee und mit grauenhaften Massenmorden an italienischen Soldaten. Die deutsche 10. Armee verwickelt die Amerikaner zwar immer wieder in heftige Kämpfe, aber letztlich ohne Erfolg. In der ersten Oktoberwoche gelingt den amerikanischen und britischen Truppen die Besetzung der Häfen Neapel und Bari sowie die Einnahme der strategisch bedeutenden Flugfelder bei Foggia in der Region Apulien. Der „Foggia Airfield Complex" besteht aus rund 30 Flugplätzen und ist für die britische und amerikanische Luftwaffe bis zum Kriegsende 1945 der Ausgangspunkt für Luftangriffe auf dem Balkan, in Norditalien, Südfrankreich, Süddeutschland und Österreich. Damit sind österreichische Städte für die alliierten Bomber noch leichter zu erreichen. Ein halbes Jahr nach der Eroberung des Airfield Complex in Foggia startet von dort am 17. März 1944 der erste Luftangriff auf Wien.

Leonhard erreichen aus Wien vorerst gute Nachrichten. Seine Mutter hat nach ihrer zweiten Knieoperation und ihren ständigen Herzproblemen nun doch eine Rehabilitation und

Kuraufenthalt in Waidhofen an der Ybbs genehmigt bekommen. Darauf nimmt Leonhard gleich zu Beginn seines Briefs
Bezug:

O.U. 2.1o.1943

Liebe Mama!

Deinen Brief aus Waidhofen habe ich dankend erhalten. Es freut mich sehr, dass es dir bereits schon
soweit gut geht. Hoffentlich, erholst du dich noch
sehr, ebenso aber auch Jetty!
Du hast heute Geburtstag, ich wünsche dir mehr als
alles Gute, bleibe gesund und guter Dinge, es wird
schon wieder mal besser werden. Auch dieser Krieg
wird einmal zu Ende sein. Aber wann?
Leider konnte ich dir nicht früher schreiben, einfach keine Zeit. Wir befinden uns nach wie vor am
Marsch, bin ja nun bei einer anderen Kompanie als
Rechnungsführer. Bei Tag marschieren, reiten oder
fahren, nachts meinen Kram machen und obendrauf
Wache stehen. Mein Vorgänger hat schon seit April
nicht einmal mehr das Allernötigste gemacht. Es
gibt sehr viele Rückstände, die ich alle aufar-
beiten muss, da wahrscheinlich die ganze Kompanie
demnächst aufgelöst und auf andere verteilt wird.
Somit bin ich dann wieder „arbeitslos". Was dann mit
mir weiter geschehen wird, weiß ich noch nicht. Ob
ich mich dann noch als „Junger" im Nachschub halten
kann?? Alles ungewiss! Nun hatte ich einen Posten,
und leider auch das besondere Pech, dass die Kp.
aufgelöst wird.
Es gibt natürlich auch sonst noch sehr viel Neues,

darf darüber aber nichts berichten. Ansonsten hätte
ich mich schon ganz gut bei der Kp. in meinem Posten
eingelebt und eingearbeitet.

Augenblicklich habe ich mal wieder eine dicke Backe. Zahnweh, na, bei Gelegenheit müssen sie raus.
Falsche Zähne habe ich schon beantragt, aber keine
Gelegenheit, hier irgendwo in Behandlung zu gehen,
wir leben fast täglich auf der Straße.

Lege dir anbei einige Luftpostmarken bei, obwohl
wahrscheinlich die Briefe auch nicht viel schnel-
ler bei mir eintreffen. Nun aber kann ich mir dafür schon etwas helfen, Zigaretten etc., bin schon
besser dran. Bleiben schon mal einige über.

Bin schon gespannt, wie alle hier, wie es in Italien ausgeht, leider erfahren wir immer alles erst
viel später.

Nun wieder Schluss, alles, alles Gute nochmals zu
deinem Geburtstag und viele Grüße an dich und Jetty,
dein dankbarer Sohn Leo

Am 1. Oktober fliegen fünf amerikanische Bomber-Gruppen
den zweiten Angriff auf Wiener Neustadt. Erstmals wird auch
Feldkirch bombardiert. Die Luftangriffe auf österreichische
Städte sind im Herbst 1943 das Hauptgesprächsthema. Vor
allem fragen sich viele Wiener, wann wohl die ersten Bomber
ihre Stadt erreichen. Denn auch der Vormarsch der Alliierten
in Italien und ihre Einnahme der Flugplätze in Foggia haben
sich bereits herumgesprochen, auch wenn öffentlich darüber
nicht geredet wird. Leonhards Mutter Käthe Mahr hat zwischenzeitlich ihren Kuraufenthalt in Waidhofen beendet und
ist wieder in Wien eingetroffen. Ihr Knie ist besser geworden,

ihre Herzrhythmusstörungen nicht. Umso mehr freut sie sich über einen weiteren Brief ihres Sohns. Darin erfährt sie, dass sich Leonhard mit seiner Kompanie auf dem Rückzug aus Russland befindet:

O.U. 17.1o.1943

Liebe Mama!

Heute, es ist wohl schon wieder längere Zeit vergangen, schreibe ich dir wieder. Aber die Zeit vergeht so rasch, man kann es gar nicht glauben.

Ich bin nach wie vor bei der neuen Kp. Rechnungsführer, habe den ganzen Sauladen hier jetzt ganz schön aufgearbeitet und habe mich auch schon wie ein Alter eingearbeitet. Kein Mensch hat hier etwas gemerkt, dass ich ein „Neuer" bin. Mein Vorgänger hat so ziemlich überhaupt nichts gemacht, die Arbeit ist ihm dann auch über den Kopf gewachsen, so dass er sich selbst nicht mehr auskannte.

Im Augenblick wird unsere Kp. gewaltig vergrößert. Wir haben ca. 35o Pferde und dazu das nötige Personal. Vor 1 Woche noch sollten wir aufgelöst werden, hätte mich sehr darüber geärgert, weil ich, nachdem ich endlich etwas „Besseres" geworden bin und die viele nachträgliche Arbeit auch noch aufgearbeitet hatte, wieder „brotlos" geworden wäre und dann wahrscheinlich auch noch als jüngerer Jahrgang ganz nach „vorne" versetzt worden wäre. Nun hat's aber doch geklappt, wir sind sogar, wie schon erwähnt, vergrößert worden, allerdings gab's und gibt's da besondere Mehrarbeit, die im Grunde genommen, noch dazu bei den deutschen militärischen Vorschriften,

ein unermesslicher Papierkrieg ist. Doch für mich
ist das immer noch besser so.
Wir werden wahrscheinlich bis längstens in einer Woche verladen und herausgezogen. Wohl nicht
bis ins Altreich, so doch etwas nördlich hinter
Russland, noch dazu in eine Kaserne. Kannst dir
denken, da geht wieder der ganze Mumpitz los. Na,
ich bin froh, gerade jetzt den selbstständigen
Rechnungsführerposten der Kp. zu besitzen. Wohl
muss ich auch noch Wache stehen, unser Spieß ist
da sehr stur, doch bloß jeden zweiten Tag 2 Stunden. Das macht mir nichts, das soll mir keine Sorge
sein. Jedoch gerade jetzt, heute, sind wir einer
kleinen Verschwörung auf die Spur gekommen. Unsere russischen Hilfswilligen wollen, nachdem sie
sich bei uns noch vorerst „bedanken" wollten, zu
den Partisanen übergehen. Auf mich haben sie es
vielleicht besonders scharf, weil ich eben auch
keine Rücksicht auf sie nehme. Na, es wäre nicht
der Erste, dem ich anständig heimleuchte, wenn was
sein sollte. Ich werde mit diesem verlausten Pack
ganz bestimmt fertig, so wie bisher. Mal abwarten,
heute oder morgen haben die Kerle was vor, alles
ist aber bei uns alarmbereit. Ich selbst habe mir
gleich ein MG genommen, das gibt einen schönen
Feuerzauber.
Nun, wie geht's Dir? Hast du dich in Waidhofen recht
gut erholt? Geht's dir schon besser? Schön langsam
aber sicher wird's schon wieder werden. Du weißt
ja, auf einmal und über Nacht kann so eine schwere
Operation nicht wieder ganz gut werden. Man muss

halt Geduld haben und Zuversicht. Genauso wie bei
uns, sonst ist alles „scheiße".
Bin nur froh, dass Wien noch von den Fliegern verschont wird, das ist schon sehr viel wert. Wir liegen nun, trotz oftmaligen Verlegens, wieder ziemlich knapp hinter der Front und haben auch mit
Fliegern zu tun, doch davor kriegen wir keine Angst
mehr. Eher vor den Läusen, die wir ja gar nicht
mehr loskriegen.
Ansonsten geht's mir gut, wenn ich auch viel Arbeit
habe, so macht's mir eher Spaß, als jeder andere
Dienst. Ich hoffe auch, dass ich jetzt nicht mehr
so schnell versetzt werden kann, obwohl das Gespenst
immer mehr von uns erwischt.
So, nun wieder Schluss, grüße auch Jetty von mir
und Bussi an dich,
dein dankbarer Sohn Leo

Leonhards Kompanie ist im Oktober 1943 Teil der der Heeresgruppe Süd unter dem Oberkommando von Generalfeldmarschall Erich von Manstein. Zu dieser Heeresgruppe gehören 1,2 Millionen Soldaten, 12.600 Geschütze, 2.100 Panzer
und 2.100 Flugzeuge. Mansteins Auftrag: den sowjetischen
Vormarsch Richtung Deutschland stoppen und die Ostfront
stabilisieren. Hitler verlangt von Manstein die Errichtung eines undurchdringlichen „Ostwalls" entlang der Linie Narwa
(im Nordosten von Estland) – Pskow (Nordwest-Russland) –
Witebsk (Weißrussland) – Homel (Süden von Weißrussland)
bis hin zum Fluss Dnepr im Raum Kiew (Ukraine). Wie
aussichtslos das Unterfangen ist, zeigt sich an der zahlen-
mäßigen Überlegenheit der Sowjet-Truppen. Der deutschen

Heeresgruppe unter General Manstein stehen fünf sowjetische Fronten gegenüber (die Zentralfront unter Konstantin Rokossowski, die Woronescher Front unter Nikolaj Watutin, die Steppenfront unter Iwan Konjew, die Südwestfront unter Rodion Malinowski und die Südfront unter Fjodor Tolbuchin) mit einer Gesamtstärke von 2,6 Millionen Soldaten, 51.200 Geschützen, 2.400 Panzern und 2.850 Flugzeugen. Spätestens jetzt, Ende 1943, muss selbst dem dümmsten General der deutschen Wehrmacht klar geworden sein, dass der Krieg verloren ist. Wie chaotisch die deutsche Wehrmacht in diesen Tagen agiert, ist daran zu sehen, dass Leonhard Ende Oktober/Anfang November wie eine Schachfigur hin- und her geschoben wird:

O.U. 5.11.1943

Liebe Mama!

Habe deinen, sowie Schettis Brief und das Päckchen mit den Zigaretten dankend erhalten. Die Keks oder was du mir sonst noch angekündigt hast, habe ich noch nicht bekommen. Wird aber schon noch eintrudeln.

Also, nun will ich dir ein wenig aus meiner letzten „Soldatenzeit" berichten: Übrigens, das mit den Zigaretten hast du sicherlich missverstanden, ich habe um keine gebeten, aber da sie nun einmal hier sind, werde ich sie, ganz klar, auch verrauchen. Also, bitte, brauchst mir keine senden? Hast du schon mein Päckchen mit dem Mehl erhalten? Wollte dir davon mehr senden, doch ist es wieder damit Essig geworden, denn wir sind inzwischen verladen und verlegt worden, wie angekündigt. Deine Sorge,

dass ich nun wieder mit meiner Rechnungsführerei ins
Wasser falle, hat sich längst schon wieder überholt.
Wir sind nämlich statt aufgelöst, unglaublich ver-
stärkt worden, und zwar im Zuge unserer Verladung
Richtung Litauen. Dort befinden wir uns jetzt. Wir
benötigen alleine gleich 2 komplette Güterzüge, als
einzige Kp. Kannst dir daran unschwer ausmalen, wie
stark wir geworden sind. Und die vielen Pferde!
Dies nun alles als Rechnungsführer zu bewältigen,
ist allerhand Arbeit. Ich komme grad so hin mit dem
ganzen Kram. Sind wieder so in einem Kaff, wo man
nicht Polnisch und nicht Russisch spricht. Nicht
viel besser als in Russland selbst, dafür sind wir
hier mehr an das Heimatskriegsgebiet angebunden.
Dürfen nicht einmal die Häuser belegen, wie es uns
passt, sondern sind hier auf die hiesige Ortskom-
mandantur angewiesen. Mit meiner Bekleidungskammer,
welche ich so nebenbei auch noch führen muss, liege
ich vorerst noch auf der Straße, sozusagen. Allerdings wurde mir sowieso die Hälfte davon geklaut.
Bei unseren Hiwis ist ja bald jeder 2. ein Bandit
und davon haben wir mehr als Landser. Soll mich
aber kalt lassen, wie so vieles andere auch, warum
aufregen? Es ist wohl auch schwer, sich hier als
Rechnungsführer durchzusetzen gegenüber den vielen
hohen Dienstgraden. Aber manchmal geht es nicht
anders, und ich setze mich schon durch, denn in
meinen Kram lasse ich mir von niemandem was drein-
reden, dafür bin ich ja alleine verantwortlich und
im Grunde genommen sage ich: Wie du mir, so ich
dir! Bei meiner Dienststellung, auch als kleiner

Obergefreiter, kann ich mir das schon leisten. Und
mit dem „Organisieren" ist's hier auch vorbei, also
von wegen einmal Hühnersuppe kochen, damit ist's
vorbei, obwohl die Hühner und Gänse hier besonders
groß wären. Trotzdem haben wir aber heute eine Gans
gegessen, morgen gibt's 2 Hühner, ich meine, so
ganz „privat".
Im Übrigen hoffe ich nun doch auch bald ein wenig
zu avancieren, denke, zu Weihnachten, sonst ehrlich gesagt, hau ich den ganzen Kram hin. Wurde bei
solchen Gelegenheiten bis jetzt immer beschissen,
ebenso mit den Auszeichnungen. Jeder Trottel kriegt
was drangehängt, aber bei mir will's einfach nicht
klappen. Im Grunde genommen lasse ich mir mal meinen
Arsch auszeichnen und werde dann ebenso stur wie
die Preußen. Lasst mich aber alles kalt, ich tue
mir schon nicht allzu weh.
Kartoffelschnaps und halbrohen Schweinespeck, ein
Lt. 3o.- und das Kilo 25.- gibt's hier auch zu kaufen, allerdings auch nur in geringen Mengen. Hab
aber, wie alle hier in der Schreibstube, die Absicht, einige Gänse und Hühner rückwärts bei uns im
Hof zu halten. Futter gibt's ja genug bei unserem
Pferdebestand. Es wird jetzt wieder Winter, gestern
hatten wir zum 1. Mal schon Frost. Voraussichtlich
bleiben wir hier über Weihnachten liegen. Sollten
anfangs in die Hauptstadt in eine Kaserne ziehen,
nachdem wir aber den Schluss vom ganzen Nachschub
machen mussten, reichte der Platz für uns dort nicht
mehr aus, mussten also notgedrungen wieder in so ein
verlaustes Dorf einziehen, dafür gibt's hier keine

Frontzulage mehr. An die Luftfeldpost sind wir auch nicht mehr angeschlossen, und nach 4 Wochen gibt's geringeren Verpflegungssatz, auch keine Schwerarbeiterzulage. Wenn wir auf Urlaub fahren, gibt's jetzt auch kein Führergeschenk mehr. [Anm.: Deutsche Soldaten, die von der Front auf Heimaturlaub fuhren, bekamen ein Geschenkpaket als Dank des „Führers" für ihren Kriegseinsatz.] Die in der Stadt liegen, können täglich abends ins Kino, Theater, Varieté etc., ins Soldatenheim Bier oder Wein trinken, Musik hören. Wir haben hier noch nicht einmal ein Radio, dürfen dafür aber Holz schlagen für die Herren Kameraden. Ich selbst komme alle 1o Tage in die Stadt, und zwar immer dann, wenn ich Geld hole. Muss aber vor Einbruch der Dunkelheit wieder zurück sein, per Motorrad, auch kein Vergnügen jetzt im Winter. Kann mir in der Stadt günstigstenfalls 2, 3 Glas Bier kaufen, mehr Zeit habe ich nicht.

So, nun glaube ich, habe dir so im Kurzen ein bisschen was geschildert. Ein andermal wieder mehr.

Danke für die lieben Glückwünsche zum Namenstag von dir und Schetti, Edith hat mir Kuchen gesandt, der ist gleich auf einmal aufgefressen worden, denn nur Mehlspeisen können mich noch interessieren.

Vielleicht klappt es dennoch heuer mit dem Urlaub, allerdings haben wir durch die vielen Zuversetzungen allerlei wieder vor uns.

So nun wieder Schluss, es grüßt und küsst dich, alles per Schreibmaschine, diesem elenden Klapperkasten, der schon am Misthaufen gehört, dein dankbarer Leo

Im Dezember 1943 wird die deutsche Ostfront immer löchriger. An so ziemlich allen Frontabschnitten durchbrechen sowjetische Einheiten die Verteidigungslinien der Wehrmacht. Der Durchbruch passiert manchmal sehr schnell, manchmal langsam, aber er passiert – es ist nur eine Frage der Zeit. Der Nachschub funktioniert nur mangelhaft. In den Schilderungen Leonhards ist zu erkennen, dass die mit dem Nachschub betrauten Soldaten mehr darauf achten, sich selbst gut zu versorgen, als die kämpfende Truppe an vorderster Front. Und so nutzt sich die Kampfkraft der Deutschen langsam ab, Tag für Tag, Woche für Woche, Monat für Monat. Zum Jahreswechsel sind die Ostfrontkämpfer müde, ausgelaugt und immer weniger bereit, sich „für Führer, Volk und Vaterland" abschlachten zu lassen, in einem sinnlosen und aussichtslosen Krieg, den außer Hitler und seinen Nazi-Bonzen ohnehin niemand wollte. Auch in Leonhards Briefen wird die wachsende Frustration deutlich:

O.U. 1o.12.1943

Liebe Mama und Jetti!
Habe heute euren lieben Brief vom 2. Dezember dankend erhalten und beeile mich sofort zu schreiben, nachdem ich für die nächsten Tage, vielleicht auch Wochen nicht dazukommen werde. Wir sind also wieder einmal umgezogen, liegen seit 5.12. direkt in der Stadt. Wir wollten gar nicht vom Lande weg, weil es uns dort sehr gut gegangen ist. Und nun, gerade so knapp vor Weihnachten, mussten wir in die Stadt, in die Kaserne, wo doch draußen am Land fast in jedem Hause Schweineschlachtfest ist. So ein Pech muss man haben.

Schon bald werden wir schon wieder verlegt! Wäre nun dieser schreckliche Verlegungsbefehl nicht gekommen, wäre es fast sicher gewesen, dass ich zu Weihnachten und Silvester nach Hause gekommen wäre, so aber ist es Scheiße. Habe mich zum Teil bereits auf den Urlaub eingerichtet, lauter fette Sachen, Gänse, Schinkenspeck etc. zusammengehamstert, und nun stehe ich da - war heute in der Stadt, nicht einmal ein Feldpostkarton ist aufzutreiben, einfach schrecklich. Urlauber fährt auch keiner, den man was mitgeben könnte.

So, nun wieder Schluss, muss auch noch an Edith schreiben. Übermorgen geht die große Reise los, leider nicht auf Urlaub. Mit den Zähnen ist es vorläufig Essig, von Ruhe und Behandlung keine Spur. Brauchst aber keine Sorge haben, zu essen und zu trinken, warme Bekleidung, wo ich doch direkt an der Quelle sitze, habe ich genug, trotzdem sehe ich aber schlecht aus.

Es grüßt und küsst dich und das Schwesterlein Jetty dein dankbarer Sohn Leo

Im Dezember 1943, kurz vor seinem 19. Geburtstag, packt ein junger Soldat aus Leonhards Kompanie freudig und erleichtert seinen Ranzen. Im Gegensatz zum „braven" Soldaten Wohlschläger darf der junge Gefreite nach zehn Monaten Kriegseinsatz an der Ostfront über Weihnachten und Neujahr auf Urlaub nach Wien. Eigentlich ist es ein Genesungsurlaub. Denn nach mehreren Bombenexplosionen leidet der junge Soldat an Vertäubungen. Leonhard stellt dem Gefreiten vermutlich mit grimmiger Miene einen Urlaubsschein aus, zu gerne hätte er auch für sich selbst so einen Schein ausgefüllt. Mehrmals muss er den Namen des urlaubsberechtigten „Karl Lauterbach" auf diverse Formulare schreiben, ebenso wie sein Geburtsdatum: „20.12.1924". Was Leonhard nicht ahnen kann ist, dass der junge Gefreite Karl Lauterbach nie mehr wiederkehren wird.

Karl fühlt sich sehr wohl im Kreise seiner Familie in Wien, endlich wieder in einem Bett schlafen zu können, in weißer, frischer, duftender Bettwäsche. Erstmals in seinem jungen Leben genießt er es, sich waschen zu können, wann immer er will, seine Notdurft gefahrlos verrichten zu können, einfach wieder Mensch sein zu dürfen. Intensiv spürt er das wohlig warme Gefühl der Geborgenheit und Sicherheit, so wie früher, als er noch ein kleines Kind war und seine Mutter ihm Gute-Nacht-Geschichten vorgelesen hat. Er spürt auch, wie glücklich seine Familie ist, dass der „Bub" endlich wieder da ist. Er sieht die feuchten Augen seiner Verwandten, nach dem sie ihn zur Begrüßung innig umarmt haben. Und Karl hört auch wieder besser, das dumpfe, taube Gefühl hat deutlich nachgelassen, alles klingt klarer und heller.

Wie im Flug vergehen Karls Urlaubstage bei seiner Familie in Wien. Und als der Tag der Rückkehr kommt, zurück an die Front, da weigert sich Karl Lauterbach. Er weigert sich, Abschied zu nehmen. Der Gefreite Karl Lauterbach will nicht zurück in die Hölle, nie wieder!

Maria und Ernst Musial sind Onkel und Tante von Karl Lauterbach. Sie flüstern ihm, dass sie einen Arzt kennen würden, der für sie Äther besorgen könne, ein Betäubungsmittel, das man selbst leicht einsetzen kann, wenn man sich schmerzhafte Verletzungen zufügen muss. Auf dem Küchentisch lässt sich Karl von seinem Onkel Ernst den Unterarm brechen.

Im Reserve-Lazarett XIa, in der heutigen Rudolfstiftung im Wiener 3. Bezirk, wo der Arzt mit dem leichten Zugang zu Äther tätig ist, lässt sich Karl behandeln. Er ahnt nicht, dass der Arzt gemeinsam mit seiner Tante und seinem Onkel schon mehreren Soldaten auf diese Weise geholfen hat und noch helfen wird. Und er ahnt auch nicht, dass der Arzt bereits im Visier der Gestapo ist.

Ernst und Maria Musial weihen ihren Neffen in ihr „Selbstverstümmelungsnetzwerk" ein. Karl Lauterbach macht mit, nachdem er sich zwischenzeitlich zum zweiten Mal den Arm hat brechen lassen. Er vermittelt kampfunwillige Soldaten, sein Onkel Ernst bricht Arme und der Arzt im Reserve-Lazarett behandelt – der Krug geht so lange zum Brunnen, bis er bricht ...

Währenddessen: Im Osten nichts Neues. Unaufhaltsam marschieren die Russen Richtung Westen und Leonhard wird mit seiner Nachschubkompanie weiter hin und her verlegt:

O.U. 19.12.1943

Liebe Mama!

Deinen lieben Brief dankend erhalten! Wir sind nun wieder verlegt und befinden uns im südlichen Russland. Hier gehen wieder die Luftpostmarken, denn hier ist ja wieder Front. Ansonsten geht's mir gut, nur mit dem erhofften Urlaub zu den Feiertagen ist es Essig. Dann eben, hoffentlich 4 Wochen später. Edith habe ich durch einen Urlauber ein Paket mit Schinken geschickt. Einer davon, ein ganzer, so habe ich ihr auch geschrieben, ist deiner mit Jetty zusammen. Hoffentlich kann ihn dir Edith schon zu Weihnachten bringen, damit du auch was zum Knabbern hast. Speck und Schmalz schicke ich dir morgen oder übermorgen, muss nur noch verpacken, zur Zeit ist aber zu viel zu tun. Die Kompanie ist viel zu groß, man kann es fast nicht schaffen. 3oo Pferde, 23o-25o Mann und sonst noch allerhand.

Also, verbringe mit Jetty die Feiertage, so gut es halt geht. Ohne mich, ich komme eben dann, wenn's klappt, 4 Wochen später. Bis dahin nochmals alles Gute und Bussi

dein dankbarer Sohn Leo

(Luftpostfeldbriefe nur 1 Marke! Kartenbriefe)

Elendigliches Sterben in Wien

Zu Beginn des Jahres 1944 ist in so manchem Lazarett Wiens die Quote an Armbrüchen, Bänderrissen und -zerrungen im Kniebereich wesentlich höher als im Wiener Unfallkrankenhaus. Das fällt dem Chefrichter Karl Everts von der in Wien stationierten Division 177 auf. Er lässt daraufhin einen Spitzel ins Reserve-Lazarett XIa einschleusen, der schon bald die nötigen Informationen liefert. Im Frühjahr 1944 werden Karl Lauterbach, seine Tante Maria, sein Onkel Ernst und der Arzt verhaftet. Unter Folter der Gestapo gestehen sie alles und geben auch die Namen weiterer Soldaten preis, die sich verstümmeln haben lassen, darunter der damals schon bekannte Fußballer Ernst Stojaspal. Richter Karl Everts beantragt für alle die Todesstrafe. Der Prozess vor dem Militärstrafgericht soll noch im Sommer 1944 stattfinden.

Leonhard schafft es währenddessen, Mitte Jänner auf Urlaub nach Wien zu kommen. Er spürt die schlechte Stimmung in seiner Heimatstadt, er spürt die Angst, die Angst vor Luftangriffen. Viele ahnen, dass der erste Fliegeralarm nur eine Frage der Zeit ist. Wiener Neustadt, Feldkirch, Innsbruck,

Wels, Linz und Klagenfurt sind bereits Ziele der alliierten Bombenangriffe gewesen – überall gab es hunderte Tote.

Am 17. März 1944 um die Mittagszeit heulen in Wien die Sirenen. Es ist nicht das erste Mal, dass die Sirenen in Wien ertönen, aber das erste Mal, dass amerikanische Kampfflugzeuge über der Stadt kreisen. Sie nehmen die Raffinerie in Floridsdorf und Tankschiffe auf der Donau ins Visier. Es ist der erste von insgesamt 52 Luftangriffen auf Wien.

Leonhard erfährt davon in einem Brief von seiner Schwester Johanna. Er ist nach seinem Urlaub wieder bei seiner Truppe an der Ostfront eingetroffen. Leonhard muss allerlei Papierkram erledigen und sich neuerdings auch mit Papieren osteuropäischer Kinder und Jugendlicher herumschlagen. Er muss an der sogenannten „Heuaktion" der Nazis administrativ mitwirken. Die „Heuaktion" ist eine Tarnbezeichnung für die systematische Gefangennahme und Deportation osteuropäischer Kinder und Jugendlicher (vor allem aus Weißrussland) nach Deutschland und Österreich, wo sie Zwangsarbeit in der Rüstungsindustrie verrichten müssen oder als „Helfer" (tatsächlich als „Kanonenfutter") bei der Fliegerabwehr eingesetzt werden. Historiker schätzen heute, dass die Nazis im Zuge der „Heuaktion" zwischen 30.000 und 50.000 Minderjährige und Halbwüchsige deportiert haben. Meistens handelt es sich um Waisenkinder, deren Eltern umgekommen oder verschleppt worden sind. Leonhard hat in dieser Zeit bürokratisch alle Hände voll zu tun, sodass er nur für eine Postkarte Zeit findet:

O.U., 6.4.1944 (Postkarte)

Liebe Mama,

Habe dir schon lange nicht schreiben können. Bis wie-

der Gelegenheit ist, dauert es auch noch. Brauchst
aber keine Sorge um mich haben, es geht mir gut.
Viele Grüße und Bussi an dich und Jetty dein Leo

In Wien steht der 19-jährige Gefreite Karl Lauterbach vor
dem Richter. Er zeigt sich geständig, sich selbst verstümmelt
zu haben. Als Motiv gibt er an, dass er in Wien habe bleiben
wollen, weil er den Verdacht gehegt habe, dass seine Freundin fremdgegangen und von einem anderen Mann schwanger
sei. Und er bekennt sich auch der Beihilfe zur Selbstverstümmelung schuldig. Gnadenlos verurteilt ihn der Richter zum
Tode.

Auch Lauterbachs Onkel Ernst Musial, dessen Frau Maria,
der Arzt und der Fußballer Ernst Stojaspal müssen sich vor
Gericht verantworten. Sie kommen mit dem Leben davon.
Ernst Musial wird zu zwölf Jahren Haft verurteilt, seine Frau
zu sechs Jahren, der Arzt und Stojaspal fassen je acht Jahre
aus. Karl Lauterbach sitzt bis knapp vor Kriegsende in der
Todeszelle. Am 7. Februar 1945, nur zehn Wochen vor der
Befreiung durch die Russen, wird der mittlerweile 20-jährige
Karl Lauterbach um 7 Uhr früh auf dem Militärschießplatz
in Wien-Kagran mit dreizehn anderen Wehrdienstverweige-
rern erschossen.

Laut Dokumentationsarchiv des Österreichischen Widerstandes (DÖW) werden bis 1945 rund 2000 Österreicher von
der NS-Militärjustiz wegen Wehrdienst- und Kriegsdienst-
verweigerung, Desertion, „Selbstverstümmelung" oder „Feig-
heit vor dem Feind" zum Tode verurteilt und hingerichtet.

In Leonhards Kompanie geht's mittlerweile drunter und drü-
ber. Alle Einheiten sind permanent in der Rückwärtsbewe-

gung und fliehen bei Feindbeschuss. Kaum ist eine Stellung eingerichtet, kommt der Befehl zum Rückzug. Und Leonhard schreibt:

O.U. 13.5.1944

Liebe Mama!
Nun ist es schon wieder etliche Wochen her, seit ich dir geschrieben habe, aber die Zeit vergeht derart schnell, kann es kaum fassen.
Nun werden wir wieder per Bahn verlagert, etwa 3oo km nach Westen. Der alte Rechnungsführer hat alle seine Listen und Geld im Stich gelassen und ist mit der gesamten Spitze von hier geflüchtet. Jetzt bin ich der neue Rechnungsführer. Leider konnte ich nicht alles retten, die wichtigsten Listen sind weg und so muss ich mich halt weiter durchwursteln. Dachte eben, bis der Kerl wiederkommt, dann soll er selbst sehen, wie's weitergeht. Da aber mehr als die Hälfte von hier auf Urlaub gefahren ist, sitze ich da und muss alles neu aufbauen. Bis der wieder zurückkommt, ist alles notgedrungen am Laufenden und ich kann dann wieder gehen. Statt dass der Kerl vors Kriegsgericht kommt, fährt er auf Urlaub. Aber wehe, mir wäre so etwas passiert! Macht nichts, muss halt fest Bürokratismus betreiben, dafür befreit von allem anderen und einige Zigaretten und Schnaps schauen hier schon raus.
Wir werden aber bald wieder verladen, noch weiter nach Westen, bis knapp an die Reichsgrenze - Polen, vielleicht klappt's dann mit einem Kurzurlaub, denn so eine Kesselschlacht haben wir dann sicher nicht

mehr. Erlebt habe ich, seitdem ich nun wieder hier bin, genug, die toten Russen konnte man gar nicht zählen.

Hier sind die Quartiere, im Vergleich zu den russischen, trotz der polnischen Wirtschaft fabelhaft. Ich schlafe wieder in einem Bett, allerdings ist nur frisches Stroh drin und meine Decken, aber so doch ein Bett! 6 km von uns entfernt liegt eine größere Stadt, da gibt's russisches Bier. Morgen oder übermorgen kaufe ich für die ganze Kompanie Bier. Sonst geht mir nichts ab, es geht mir gut! Hast du mein Schmalzpaket bekommen, ca. 3 kg? Habe es einem Urlauber mitgegeben.

Hoffe, dass es dir halt auch so zeitgemäß ganz gut geht, vor allem, dass du und Jetty gesund seid. Bis zum nächsten Brieferl grüßt und küsst dich dein dankbarer Sohn Leo

Während im Mai 1944 über Deutschland und Österreich der Bombenkrieg tobt, formieren sich in Großbritannien britische, amerikanische und kanadische Truppenverbände in unvorstellbar großer Zahl. Sie warten auf den Befehl, den Ärmelkanal zu überqueren und auf französischer Seite in der Normandie auf europäischem Festland zu landen. Die deutsche Wehrmacht rechnet mit einer Invasion bei Calais, weil dort die Distanz zwischen Frankreich und Großbritannien mit nur 40 Kilometern am kürzesten ist. Doch es kommt anders, als Hitlers Oberkommando denkt.

Im nebeligen Morgengrauen des 6. Juni 1944 beginnt die „Operation Neptune". 7.000 Schiffe und 11.500 Flugzeuge bringen rund 150.000 Soldaten aus den USA, Großbritannien und Kanada an den feinsandigen Strand der Normandie. 58.000 US-Soldaten landen auf den Stränden mit den Codenamen „Utah" und „Omaha", 54.000 britische Soldaten auf den Stränden „Gold" und „Sword" und 21.000 Kanadier auf dem Strand „Juno". 23.000 Soldaten springen mit Fallschirmen über der Region ab, um die deutschen Stellungen entlang der Küste von hinten zu attackieren. Überlebende auf beiden Seiten berichten einhellig, dass sie das Meer vor lauter Schiffen und den Himmel vor lauter Flugzeugen nicht gesehen hätten. Und das Meer nahe dem Strand habe sich während des heftigen MG-Feuers aus deutschen Stellungen rosa gefärbt. Die Verluste sind hoch. Mehr als 10.000 alliierte Soldaten kommen im Kugelhagel der Deutschen ums Leben. Sie feuern von den langgezogenen, bewaldeten Hügeln entlang des Strandes aus allen Rohren. Ein überlebender deutscher Soldat sagte in einer TV-Dokumentation: „Ich bin auf dem Bauch gelegen und habe geschossen und geschossen – pausenlos. Nicht um jemandem Leid zuzufügen, sondern um zu überleben." Vermutlich sterben auf deutscher Seite ebenfalls rund 10.000, genaue Zahlen gibt es bis heute nicht.

Dieser „längste Tag" mit der umfangreichsten Landeoperation der Kriegsgeschichte wird von den Alliierten „D-Day" genannt und markiert den Anfang vom ruhmlosen Ende Adolf Hitlers.

Der „Führer" muss im Juni 1944 nicht nur an der Westfront eine kriegsentscheidende Niederlage hinnehmen. Am 22. Juni 1944 beginnt auch die Rote Armee eine Offensive, eine ihrer erfolgreichsten im gesamten Kriegsverlauf. Sie wird „Operation Bagration" genannt. Ziel ist es, die deutsche „Heeresgruppe Mitte" zurückzudrängen und die weißrussische Stadt Minsk zurückzuerobern. Der Angriff der sowjetischen Truppen erfolgt auf einer Frontlänge von mehr als 1000 Kilometern. Innerhalb von nur fünf Wochen stoßen die Truppen der Roten Armee zur Bucht von Riga vor, erobern Ostpreußen und gelangen sogar an die mittlere Weichsel und nach Warschau. Die Russen sind selbst verblüfft, wie rasch ihnen der Vorstoß gelungen ist. Die „Heeresgruppe Mitte" ist chancenlos. Militärhistoriker schätzen, dass die Wehrmacht bei dieser russischen Offensive rund 250.000 Soldaten verloren hat – entweder tot, vermisst oder in Gefangenschaft. Auch auf russischer Seite dürften die Verluste beträchtlich sein, verlässliche Zahlen fehlen bis heute. Sicher ist, dass die sowjetische Operation Bagration im Zusammenwirken mit der „Operation Overlord" (zu der auch die „Operation Neptune" zählt) in der Normandie den 2. Weltkrieg im Juli 1944 entschieden hat.

Unterdessen tobt im Mai über Wien der Bombenkrieg. Die Stadt wird am 10., 12., 13., 24., 26., 29. und 30. Mai schwer bombardiert. Zwar haben es die Alliierten auf strategische Ziele wie Industriestandorte, Infrastruktur und Heereseinrichtungen abgesehen, aber sie treffen nicht immer. Um dem heftigen Feuer der Flaktürme zu entgehen, fliegen viele Kampfpiloten sehr hoch. Die Bomben fallen daher aus großer Höhe. Doch je höher der Kampfflieger in der Luft, desto geringer die Trefferquote am Boden. Viele Piloten drehen vor den Flaktürmen ab, um dem Sperrfeuer auszuweichen. Daher entladen sie ihre tödliche Fracht entweder zu früh oder zu spät. Der 3. Bezirk, Leonhards Wiener Heimatbezirk, ist von den Luftangriffen besonders betroffen, weil die Alliierten die Panzerwerkstätten im Arsenal (im 3. Bezirk) und den angrenzenden Südbahnhof (4. Bezirk) zu treffen versuchen. Bei einem der Bombenangriffe im Mai kommen der alte Brenner und seine Frau aus der Baumgasse ums Leben. Leonhard ist nicht dazugekommen, seine Schulden bei den Brenners zu zahlen.

Liebe Mama!

Habe dir schon lange nicht geschrieben, sei deshalb nicht böse, aber weißt ja, wie das ist. Als Rechnungsführer habe ich die ganze Schwadron papiermäßig wieder neu aufgestellt, nachdem wir ja vorher in dem Kessel alles verloren hatten. Da hängt derart viel dran, dass ich mich bald „tot" gearbeitet hätte. Aber nun, nachdem alles aufgearbeitet ist und alles wieder läuft, wurde ich von dem damals flüchten gegangenen alten Rechnungsführer, der obendrauf dafür nach 5 Monaten schon auf Urlaub fahren durfte, wieder abgelöst. Ich selbst sollte ja zum Stab wieder als Rechnungsführer, denn auch dort war der alte Rechnungsführer verschwunden und dann später im Lazarett irgendwo aufgetaucht. An seiner Rückkehr, Wiederherstellung wird gezweifelt. Aber auch dies hat sich geändert, so wie sich hier vieles, oft alle Tage ändert, heute so, morgen anders. Dann sollte ich zur 1. Kraftfahrer-Kompanie versetzt werden, aber nur als „Verpfleger". Das habe ich aber abgelehnt. Alle Tage Butter- oder Margarineportionen für 1oo oder 15o Mann schneiden? Jetzt mag's ja gehen, aber im Winter oder bei Einsatz im Regen oder Dreck, aufladen, abladen, nachts Portionen machen, ist nichts für mich, gefällt mir nicht, mein Essen bekomme ich auch so.

Und so bin ich „Halbschwadronspieß" geworden, also sogar bedeutend avanciert, nachdem unser Haufen bereits wieder so groß geworden ist, dass wir in einem Dorf gar keinen Platz haben. Schreite also jeden Morgen die angetretene Front ab, gucke, ob alles rasiert und der Stiefelputz in Ordnung ist. Habe den ganzen Tag nichts anders zu tun als zu schimpfen, ein bisschen zu schreiben und zu befehlen. Das passt mir schon eher, da arbeite ich mich nicht zu Tode. Nur muss ich halt überall und nirgends sein und über alles Bescheid wissen und darf mich von keinem übers Ohr hauen lassen.

Nun werde ich bald wieder mehr Zeit haben, dir öfter zu schreiben. Natürlich liegen wir wie immer in so einem verlassenen Nest. Kein Kino, kein Bier usw. Wohl ist es mir gelungen, Bier heranzuschaffen, aber für uns alle viel zu wenig. Weißt ja, da können wir nicht genug davon bekommen, da ja sonst sowieso alles nur Einöde ist.

Und wie geht es dir? Gesundheitlich? Und Jetty? Edith hat mir von den Bombardements in und rund um Wien geschrieben, allerhand los, hoffentlich bleibt ihr davon verschont.

Wollte gerne jetzt auf Kurzurlaub, dich besuchen, aber leider wurde mein Urlaub 1 Tag vor meiner Abfahrt gesperrt. Und Langurlaub, glaube ich, ab heute wohl auch. Da wird's sicher wieder einige Zeit dauern, bis ich dran bin! Vielleicht gar erst nach dem Kriegsende! Hoffentlich ist er bald aus! Mein Radio geht nun auch wieder (der von Edith), habe mir hier in Krakau und Krosno (Polen) bei einer

Dienstreise alles beschaffen können. Nun hören wir
alle die täglichen Nachrichten, auch Musik, unser
einziger Radio in der ganzen Kompanie.
Nun wieder Schluss, hoffentlich hast meine Schmierage
überhaupt lesen können, bleibt du und Jetty gesund
und guter Dinge, es wird schon wieder einmal besser
werden und Bussi für dich und Jetty von
deinem dankbaren Sohn Leo

Die Wünsche Leonhards gehen nicht in Erfüllung, seine
liebe Mama wird krank, ernsthaft krank. Neben ihren Knie-
schmerzen und ihren Herzproblemen klagt sie in letzter Zeit
auch über starke Schmerzen im Unterbauch. Ärzte diagnos-
tizieren Krebs. Eilig wird sie zwischen zwei Bombenangrif-
fen operiert. Doch es treten Komplikationen auf. Verzweifelt
schickt Jetty am 19. Juni 1944 ihrem Bruder ein Telegramm
an die Ostfront:

Telegramm von Jetty:
„Mutter nach Operation Lebensgefahr da Herzschwä-
che, komme sofort, drahte deine Ankunft. Jetty"

Leonhard antwortet unverzüglich:

O.U. 2o.6.1944

Liebe Jetty!

Habe dein Telegramm am 19.6.44 abends erhalten und
kann nach Rücksprache mit meinem Kompanie-Chef aus-
nahmsweise meinen Urlaub am 22.6. antreten. Sonderurlaub kann bei solchen Fällen gewährt werden,
muss aber nicht.
Du kannst also mit meinem Eintreffen frühestens
am 25. oder 26. abends rechnen. Gebe dir noch vorher telegrafisch Nachricht. Früher geht's nicht,
weil keine Platzkarte früheren Datums aufzutreiben
ist und ich außerdem bei gutem, trockenem Wetter
ca. 6 Stunden zum Bahnhof habe. Bei Schlamm einen
ganzen Tag, mindestens. Außerdem sind wir im Einsatz, ich muss hier erst alles übergeben, habe keine
Vertretung, dafür aber viele Laufereien, wie Arzt,
entlausen usw.
Hoffe aber trotzdem, dass alles gut abgeht. War sehr
überrascht, da ich erst vor ca. 4 Wochen einen Brief
von Mama erhielt, indem von einer bevorstehenden
Operation keine Rede war!
Auf baldiges Wiedersehen mit Mama und dir hoffend,
dein Brüderlein Leo

Leonhards Hoffnung erfüllt sich nicht, er sieht seine Mama nicht mehr lebend. Käthe Mahr stirbt zwei Tage, bevor ihr Sohn in Wien eintrifft. Sie ist knapp 71 Jahre alt geworden.

Das Ende und die Zeit danach

Hier endet der Briefverkehr zwischen Leonhard und seiner Mutter Käthe Mahr. Ich habe in Tante Hansis Wohnung keinen Brief mehr gefunden, der Aufschluss über das weitere Soldatenleben von Leonhard Wohlschläger gegeben hätte. Es ist zwar nicht belegbar, aber gut möglich, dass der „brave Soldat" Leonhard mit seiner Truppe noch im Jahr 1944 irgendwo im Westen Polens oder vielleicht sogar schon auf deutschem Staatsgebiet in Gefangenschaft geraten ist. Ich kann mir vorstellen, dass er bei seiner Festnahme letztlich froh darüber war, keine Karriere in der Nazi-Armee gemacht zu haben. Sein Ärger darüber, trotz der vielen Fortbildungskurse nicht befördert worden zu sein, stellt sich nicht nur als unbegründet heraus, sondern entpuppt sich sogar als Glücksfall. Die niedrigeren Chargen in der Wehrmacht werden nämlich als erste aus der Gefangenschaft entlassen – wie gesagt: Leonhard ist ein Glückskind!

Leonhards Schwester erlebt das Kriegsende in Wien. Tante Hansi hat meiner Mutter bei den Kaffeekränzchen manchmal erzählt, wie groß ihre Angst vor den Russen war, als die

Rote Armee am 2. April den Kampf um Wien begann. Die Stadt wird von drei Seiten angegriffen, eine Armee rückt südöstlich vor, eine südlich und die dritte stürmt aus dem Westen kommend ins Zentrum von Wien. Am 5. April sitzt Tante Hansi mit Nachbarinnen ihres Wohnhauses im Keller. Die verängstigten Frauen hören den Kanonendonner des Flakturms im nahegelegenen Arenbergpark so laut, als würden die Soldaten vom Dachboden des Nachbarhauses feuern. Doch schon tags darauf lassen die Feuergefechte nach. Tante Hansi hat erwähnt, dass sie Fließwasser im Haus hatten, allerdings keinen Strom. Später hat sie erfahren, dass die Rote Armee zwar die Stromleitungen gekappt, die Wasserzufuhr aber nicht unterbrochen hatte – ein Zugeständnis des sowjetischen Kommandos an den österreichischen Widerstand, der um Schonung der Zivilbevölkerung ersucht hatte. Doch nicht überall fließt Wasser. Die Brände des Burgtheaters und des Stephansdoms, die durch Funkenflug in Brand gerieten, können mangels funktionierender Wasserleitungen nicht gelöscht werden, sowie auch viele andere Feuer in der Stadt.

Dennoch weht die weiße Fahne der Kapitulation schließlich auf dem Dach des Stephansdoms. Ein Widerstandskämpfer hat sie unbemerkt hissen können. Im Führerbunker in Berlin, wo sich die Nazi-Bonzen bereits verkrochen haben, erfährt man von der wehenden weißen Fahne auf dem Wahrzeichen Wiens. Propagandaminister Joseph Goebbels notiert daraufhin in sein Notizbuch: „Das haben wir von dem sogenannten Wiener Humor, der bei uns in Presse und Rundfunk sehr gegen meinen Willen verniedlicht worden ist. Der Führer hat die Wiener schon richtig erkannt. Sie stellen ein widerwärtiges Pack dar, eine Mischung aus Polen, Tschechen, Juden und Deutschen."

Am Nachmittag des 13. April ist der Spuk für die Wiener vorbei. Die Rote Armee hat Hitlers „zweite Reichshauptstadt" erobert. An diesem Tag dürfte Leonhard schon in Gefangenschaft gewesen sein. Näheres habe ich nicht in Erfahrung bringen können. Tante Hansi hat bei den zahlreichen Kaffeekränzchen mit meiner Mutter nie sehr viel über ihren Bruder erzählt. Sie wollte nicht. Sie hat den Kontakt zu Leonhard gemieden. Wenn sie über ihn erzählt hat, dann sind sehr rasch ihr Ärger, ihre Enttäuschung und Verbitterung über Leonhard zum Ausdruck gekommen, der offenbar auch nach dem Krieg den Lebemann gegeben hat. Und ebenso rasch hat sie dann auch das Thema gewechselt. Erfahren haben wir nur, dass Leonhard wohlauf nach Wien heimgekehrt ist. Für mich war das keine Überraschung, denn Glückskinder haben – wie Gustav Gans – immer Glück. Mit seiner Ehefrau Edith hatte er auch eine Tochter, die selbst aber kinderlos geblieben und sehr früh, angeblich noch vor Leonhard, wegen einer Krankheit gestorben ist. Was aus Edith geworden ist, bleibt im Dunkeln. Leonhard hat seine letzten Lebensjahre in einem Altersheim in Wiener Neustadt verbracht. Eines Tages, es ist nach den Erinnerungen meiner Mutter und ihres Mannes Rudi Hofbauer Ende der 1980er Jahre gewesen, hat Tante Hansi einen eingeschriebenen Brief von der Direktion des Altersheims in Wiener Neustadt bekommen. Darin ist sie gefragt worden, ob sie einen Anteil der Begräbniskosten ihres Bruders übernehmen könnte. Er sei vor Kurzem verstorben. Angeblich hat Tante Hansi zurückgeschrieben, dass sie ihrem Bruder Leonhard zusammengerechnet schon dutzende Begräbnisse finanziert habe …

Ironie des Schicksals ist, dass Tante Hansi einige Jahre vor ihrem Tod im Frühsommer 2005 größere Erbschaften gemacht hat. Sie hat völlig überraschend die Nachkommen ihrer Halbgeschwister beerbt (die Kinder ihres Vaters Jakob Wohlschläger aus erster Ehe), die sie zeit ihres langen Lebens gemieden und zum Teil sogar verachtet hatte. Die Erbschaften hat Johanna Wohlschläger trotzdem angenommen. Vielleicht hat sie darin eine Entschädigung für ihre Entbehrungen in Folge der Armut ihres Vaters gesehen. Tante Hansi hat über die Jahre ein beträchtliches Vermögen angespart, das sie einem ihrer Nachbarn vererbt hat, zu dem sie eine besondere Beziehung gehabt haben muss. Meiner Mutter hat sie ihre Familiengeschichte hinterlassen.

Die Schachtel mit den Briefen Leonhards.

Nachlese

Ein Buch hat meist viele Mütter und Väter, so auch dieses. Daher möchte ich mich bei allen herzlich bedanken, die dieses Projekt möglich gemacht haben – allen voran bei meiner lieben Mama, Helga Hofbauer und ihrem Ehemann Dr. Rudolf Hofbauer. Sie haben mir die Briefe und Postkarten der Familie Wohlschläger überlassen und stundenlang in ihren Erinnerungen gekramt, um mir Details aus dem Leben von Tante Hansi und ihrer Familie zu erzählen. Ohne meine Frau Helga wäre das Buch ebenfalls nicht zustande gekommen. Die beste Ehefrau von allen (© E. Kishon) hat sich die Arbeit gemacht, die oft schwer leserliche Schrift von Leonhard zu entziffern und jeden einzelnen Brief sowie jede einzelne Postkarte (insgesamt mehr als 100 Stück) zu transkribieren. Meine Frau war es auch, die die Idee hatte, die Briefe in einem Buch zusammenzufassen. Ihre Idee hat mich begeistert.

Ein Danke auch an meinen Sohn Alexander, der bei der Wohnungsräumung neugierig genug war, jede einzelne Schachtel in den Schränken der verstorbenen Tante Hansi zu durchstöbern. Er war's, der die Briefe entdeckt hat.

Und schließlich möchte ich mich herzlich beim Verlag Kremayr & Scheriau bedanken, ganz besonders bei der Sachbuch-Programmleiterin Stefanie Jaksch, die alles möglich gemacht hat, das Buchprojekt „Liebe Mama" zu realisieren und auch beim Verlagslektor Paul Maercker, der sich durch den Text gearbeitet, gefühlt 1000 Tippfehler ausgebessert und mir inhaltliche Anregungen gegeben sowie zahlreiche Verbesserungsvorschläge gemacht hat, die zum Erfolg dieses Buches beitragen!

Vielen Dank!

Quellen

KARL PHILIPP BEHRENDT, Die Kriegschirurgie von 1939-1945 aus der Sicht der Beratenden Chirurgen des deutschen Heeres im Zweiten Weltkrieg (Forschungsarbeit der Universität Freiburg), Freiburg i. Brsg. 2003, https://www.freidok.uni-freiburg.de/fedora/objects/freidok:1134/datastreams/FILE1/content.

DOKUMENTATIONSARCHIV DES ÖSTERREICHISCHEN WIDERSTANDES, https://www.doew.at.

SVEN FELIX KELLERHOFF, „Der zweite Blitzkrieg, der Stalin vernichten sollte", in: Die Welt, 11. Mai 2012, https://www.welt.de/geschichte/zweiter-weltkrieg/article106284507/Der-zweite-Blitzkrieg-der-Stalin-vernichten-sollte.html.

KATRIN KILIAN, Die Feldpost im Zweiten Weltkrieg: Briefzensur zwischen 1939 und 1945, http://www.feldpost-archiv.de/11-zensur.shtml.

ONLINE-ARCHIV DER STADT WIEN, https://www.wien.gv.at.

DER STANDARD (Redaktion), 1. April 2005, https://www.derstandard.at/2000169/Der-Kampf-um-Wien-1945.

GERHARD ZEILLINGER, Überleben. Der Gürtel des Walter Fantl, Wien 2018.

Knie ... ...
auf der verbleibt die Pil...
gut! Glaube nun einem
... hier noch immer Prell...
und es schön mild sein, ...
du hell aus:, Es gilt
Wir singen dies Liedche...
muss manchmal ist.

Wie ist Weihn...
glaube habe ich Ende ...
Weihnachten
bekamen wir dann d...
Asiaten, mehr Tiere als ...
bentel Frauenbrüste,
blieben bloss 14 übrig,